'오랑캐' - 주변국 지식인이 쓴

反중국 역사

'오랑캐'– 주변국 지식인이 쓴

反중국 역사

양하이잉

우상규 옮김

살림

| 목차 |

들어가며 중국의 역사를 뒤집어 보다

우리가 중국사를 배울 때면 늘 중국의 역대 왕조를 암기하고, '오랑캐'를 토벌하기 위해 변방에 부임한 병사의 한시를 배운다. 그러나 하나라부터 오늘날 중국까지 단숨에 관통하는 역대 왕조가 있었다는 사관은 분명히 잘못됐다. 베이징에서 세계를 보는 것이 아니라 유라시아에서 중국 대륙을 보면 세계가 달리 보인다.

제1장 '한족'이란 무엇인가

오늘날 동북아시아에서 중국사를 배운 사람들은 '한족'이라는 '민족'이 고대부터 있었고, 황허를 중심으로 문명을 주변으로 퍼뜨렸다고 믿고 있다. 그러나 고고학·언어학적 증거에 따르면, 애초에 '한족'이라고 부를 수 있는 사람들은 없었다. 유라시아에 부흥한 여러 문명이 황허 유역으로 이동해 왔을 뿐이다.

제2장 초원에서 문명이 태어나다

기원전 10세기 중원 지역에 은과 주왕조가 번성했던 시기에 시베리아와 몽골 등 유라시아 동부에는 청동기를 주조하는 금속 문명이 이미 존재하고 있었다. 유라시아의 청동기문명은 기원전 3,000년까지 거슬러 올라간다. 시대를 거슬러 올라간 초원의 유적으로는 고대 유목 문명이 남긴 수수께끼의 사슴돌鹿石도 있다.

제3장 '서쪽의 스키타이, 동쪽의 흉노' 그리고 지나 도교

> 만리장성은 '한인'의 문명을 잘 나타낸다. 성벽으로 둘러싸인 토지에 얽매인 문명이다. 성 밖에 있던 유목 문명은 이동하는 문명이다. 그 선구자라고도 할 수 있는 것이 서쪽의 스키타이, 동쪽의 흉노였다. 샤머니즘적인 가치관을 가진 유목 문명과는 대조적으로 '한인'은 현세 이익을 추구하는 도교에 빠져든다.

제4장 당나라는 '한족'의 국가가 아니었다

왜 21세기에 들어와서도 신장위구르 자치구와 티베트 자치구에서 대규모 시위가 발생할까. 그 이유를 찾기 위해서는 위구르제국이나 티베트제국과 당나라가 맞섰던 역사를 다시금 되돌아볼 필요가 있다. 그러나 애초에 당나라조차도 '한족'의 국가가 아니었다.

제5장 '삼국정립三國鼎立'의 시대

현재 중국의 역사 교과서에서는 907년에 당나라가 멸망한 뒤, 혼란한 오대십국 시기를 거쳐 '한족'이 세운 '송'이 다시 중국을 통일했다고 서술돼 있다. 그러나 이 시대는 몽골계인 '요', 티베트계인 '서하', 그리고 '송' 이렇게 세 왕조가 대립·병존한 시대였다.

제6장 마지막 유라시아제국, 청

칸을 섬긴 대제국 '원'은 1368년 '한인'인 주원장에게 멸망당하고 '명'이 건국된다. 유라시아 사람들은 명의 지도자를 황제라고 불렀고, 칸이라고 부르지 않았다. 17세기 명을 대신한 만주인의 나라 '청'의 지도자는 유목 사회의 전통에 따라 옥새를 넘겨받는 의식을 치르고 칸이라는 칭호를 썼다.

제7장 중국은 역사의 보복을 받을 것이다

이 책을 통해 '세뇌'에서 풀려나면, 현재 중국이 가진 문제가 선명하게 보인다. 원래 문명은 서로 공존하고 있었다. 티베트와 몽골을 중국이라고 하나로 묶어서 말하는 것 자체가 무리다. 공존이 분열하는 도화선은 '한족' 외에 다른 민족 안에서 성장해 온 이슬람교나 불교 등의 종교였다.

| 표 | '지나^{支那}=중국'과 '유라시아 동부' 국가의 변천사

연대	기원전 21세기~기원전 16세기경	기원전 16세기~기원전 1027년경
지 나 왕 조	하^夏. 태국계 언어를 쓰는 하인^{夏人}의 전설상 가장 오래된 왕조다.	은^殷. 현재 중국 동북 만주^{滿洲} 지역의 삼림에서 출현해 중원에 들어온 은인^{殷人} 집단이 건설한 왕조다. 갑골문자가 출현했다.
유 라 시 아 유 목 민 세 계	시베리아 남부 바이칼에 키토이문화가 발흥했다. 신석기시대 중 기원전 8,000~기원전 6,000년경까지. 오늘날 내몽골^(남몽골) 자치구 동부에 훙산문화가 융성했다.	시베리아 남부 미누신스크 분지를 중심으로 한 안드로노보문화와 독자적 청동기문화가 발전했다. 초원부에서 서쪽으로부터 전해진 마차를 사용했다.

'오랑캐'-주변국 지식인이 쓴 反중국역사

기원전 1027~기원전 256년	기원전 771~기원전 206년	기원전 202~서기 8년
주周. 앙소仰韶문화권의 서북부에서 출현해 중원에 들어온 왕조로, 창건자는 무왕이다. 기원전 771년 북아시아의 유목민, 이융犬戎(오랑캐)의 침공을 받아 수도를 호경(장안)에서 뤄양으로 옮겼다. 이후 동주라고 불렸고, 그전까지는 서주라 칭한다. 유목민의 압박으로 주나라 왕실의 힘이 약해지면서 춘추전국시대가 열렸다. 동주시대부터 기원전 403년까지를 춘추시대라고 부르고, 그 이후는 전국시대라 부른다.	진秦. 북서부의 유목민 출신인 진이 기원전 221년에 다른 나라들을 멸망시키고 중국 최초의 통일 왕조를 건국했다. 초기 한인의 작은 집단이 형성된다. 흉노의 남진에 대비해서 장성을 건설했다.	한漢. 기원전 202년 유방(고조)이 한을 건국했다. 수도는 장안이며 한인 최초의 왕조다. 동아시아에 흉노와 한, 두 나라가 병존했다. 흉노의 영향은 멀리 유라시아에도 미쳤다.
바이칼·몽골리아문화가 발흥했다. 시베리아에 타갈문화가 융성했고, 스키타이문화와 교류했다. 시베리아 남부 미누신스크와 몽골 고원에 유목민이 세운 거대한 고분, 쿠르간 건설이 왕성해지고, 거대 왕권이 출현한다. 유라시아 북동부에 스키타이·시베리아문화가 융성했다. 유목민 세계에 오르도스식 청동기문화가 발흥하고, 지나의 청동기에 영향을 미쳤다.	흉노의 세계적인 활약이 시작된다. 몽골 고원 서부 알타이에서 파지리크문화가 융성했다.	기원전 209년~기원전 174년, 묵돌冒頓선우(흉노의 군주)가 치세했다. 흉노가 서쪽의 월月씨를 치고 한나라 황제 유방의 군대를 격파했다. 한나라가 흉노 제국에 비단과 여성을 바치고 신하의 예를 갖춘다.

연대	25~220년	220~420년
지나 왕 조	후한後漢. 지나에서는 25년 유수(광무제)가 한나라를 재건했으며, 수도는 뤄양이다.	삼국시대. 지나에서는 184년 황건의 난 후 위·촉·오, 그리고 진晉의 시대가 펼쳐진다. 한때 총인구가 약 450만 명으로 격감해서 초기 한인의 멸종으로 간주된다.
유 라 시 아 유 목 민 세 계	노인울라NoinUla문화가 융성했다. 57년, 흉노가 무너진 이후 흉노제국은 남북으로 분열됐다. 남흉노는 서역제국을 통치하고, 북흉노는 1세기경부터 서서히 서쪽으로 진출해서 4세기 후반에 유럽에 훈족으로 나타난다.	선비鮮卑계 세력이 남흉노의 잔당을 통합해 발흥한다. 316년 오호의 난에 의해 서진과 동진으로 분열했고, 서진의 멸망으로 화북에 탁발拓跋·선비계의 오호십육국시대가 개막된다. 유목과 농경 문화 모두 번영한다.

439~589년	581~618년	618~907년
남북조시대. 396년 탁발규(도무제)가 북위(398~534)를 건국한다. 439년 지나 북부를 통일했다. 534년 내란이 일어나 북위는 동위(534~550)와 서위(534~556)로 분열된다. 550년 동위의 고양(高洋)이 제위에 오르고, 동위의 국호를 북제(北齊)로 바꿨다. 557년 서위의 우문각(宇文覺)이 제위에 오르고, 서위의 국호를 북주(北周)(557~581)로 바꿨다. 모두 탁발·선비계 왕조로, 한어(漢語)의 알타이계 언어화가 진행됐다. 407년 흉노계의 혁련발발(赫連勃勃)이 독립하고, 418년 장안을 함락했다. 북아시아 불교문화가 발전하는 한편, 남부에서는 420년 동진의 유유(무제)가 제위에 오르고, 국호를 송(宋)(420~479)으로 바꿨으며 수도는 건강(남경)으로 삼았다. 479년 제나라의 소도성이 제위에 오르고, 국호를 제(齊)(479~502)로 바꾼다. 502년 소연이 제위에 오르고, 국호를 양(梁)(502~557)으로 했다. 557년 진패선(무제)이 양의 제위에 오르고, 국호를 진(陳)(557~589)으로 바꾼다. 지나 남부에서는 삼국시대의 오에서 동진, 송에서 제, 양, 진으로 변천을 반복한다.	581년 선비계의 양견(고조 문제)이 북주를 정복해서 제위에 오르고, 국호를 수(隋)로 바꾼다. 선비계 왕조이며, 지나를 통일했다. 552년 투르크제국이 건립된다.	618년 이연이 제위에 오르고, 국호를 당(唐)으로 한다. 선비계 왕조에 의한 지나 지배가 한층 강화됐다. 583년 투르크제국이 동서로 분열돼 서투르크가 서쪽으로 이동했다. 8세기 중엽 몽골 고원에 위구르제국이 생겼고, 840년에 키르기스인이 위구르제국을 격파했다.

연대	960~1279년	1271~1368년	1368~1644년
지 나 왕 조	키타이와 탕구트, 송 세 나라가 정립하던 시대다. 916년 야율아보기가 키타이를 건국한다. 960년 후주의 조광윤^{趙匡胤}이 제위에 오르고 국호를 송으로 한다. 조광윤 일족도 투르크계 출신이라는 설이 있다. 1038년 탕구트인이 대하국을 건국했다. 1115년 여진족이 금나라를 건설했으며, 1127년 금이 송나라 수도를 점령하고, 화북은 금령으로 바뀐다. 송은 강남으로 피해 임안(항주)을 수도로 삼고 편안^{偏安}왕조를 건설한다. 지나에 요^遼·금^金·하^夏, 세 나라가 정립된다. 지나인 왕조는 송뿐이었다.	1206년 테무친이 칭기즈칸이라 칭한다. 몽골제국의 쿠빌라이칸이 지나에 진격해 대도(베이징)에 수도를 두고 지나를 지배했다. 1271년 국호를 원^元으로 했다. 1279년 남송을 멸망시키고 지나 전역을 지배하에 둔다.	지나인의 작은 왕조 명^明이 탄생한다. 해상 무역을 금지하고, 해금^{海禁} 정책을 관철한다.
유 라 시 아 유 목 민 세 계			초원으로 돌아온 몽골인은 계속해서 대원^{大元}이라고 칭하고, 유라시아 중앙부와 교류한다. 서몽골의 일부는 훨씬 더 서쪽의 볼가강 유역으로 이동했다.

1616~1912년	1912~1949년	1949~	비고
만주인이 1636년 지나인의 명나라를 멸망시키고 청淸을 세운다. 이후 만주인과 몽골인의 지배가 시작된다. 1911년 몽골 고원이 독립했으며, 내몽골은 한인 군벌이 점령한다. 남중국에서 신해혁명이 일어난 다음 해 중화민국中華民國 출현하여 한인이 지배자가 되는 중국이 출현한다.	중화민국. 1949년 한인의 중화민국 정부는 대만으로 옮겨가고, 대륙에서는 중화인민공화국 정권이 수립된다. 한인이 전국의 지배자가 된다.	한인이 지배자가 된 중화인민공화국에서 일당 독재 정권이 지속된다. 1966~76년 사이에 문화대혁명이 발발했다. 내몽골에서 몽골인 대량 학살(제노사이드)이 발생하고, 티베트와 위구르에서는 종교가 부정되고, 학살까지 벌어진다.	1912년까지 지나인, 즉 한인이 지배자가 된 역사는 한 왕조 405년과 명왕조 276년으로, 총 681년이다. 송은 지방 정권에 불과했다.
	몽골 고원의 복드칸 정권이 1924년 몽골인민공화국으로 변신했다. 내몽골의 일부가 만주국에 편입되고, 일부가 몽골 자치방自治邦을 건립한다.		

표 '지나支那=중국'과 '유라시아 동부' 국가의 변천사 **015**

일러두기   * 이 책의 용어는 저자의 의도에 따라 '지나' 혹은 '중국' 등으로 혼용해서 표기했습니다.

* 이 책의 지명은 저자의 의도를 따르되, 현재도 사용하는 지명은 가급적 중국어 발음으로 표기했습니다.

* 이 책의 일부 내용은 저자가 제시하는 학설로, 반드시 학계의 정론을 따른 것은 아닙니다.

들어가며
중국의 역사를 뒤집어 보다

유목 문명

황허

지나 문명

양쯔강

기원전 20세기

상상 속 '중국 4,000년사'

'중국사' '중화 문명'이라는 속박의 주문

이른바 '중국사'에 대해, 몽골 출신인 나는 적지 않은 위화감을
느껴왔다.

간략하게 말하자면 고대부터 광활한 아시아 대륙에서 남들
과 동떨어진 높은 문명을 구축한 '한족'(한민족^{漢民族}=한족^{漢族}. 이 '한
족'에 대한 잘못된 인식에 관해서는 제1장에서 자세히 언급한다)이 가진
풍요로움 덕분에 종종 북쪽에서 전쟁에는 강하지만 '야만적
인' 유목·기마족이 습격해 온다. 그래서 일시적으로 그들이 지
배자가 되지만, 압도적인 한족의 문명으로 '한화^{漢化}=문명화'되
면서 정체성을 잃어간다. 이렇게 해서 왕조의 주인이 바뀌기는
하나 위대한 '중화 문명'의 찬란함은 보편적이고 불변인 것으

로 전해져 왔다. 대충 이런 줄거리다. 중국인뿐만 아니라 일본인이나 한국인도 이렇게 '중국사'를 배운 사람이 적지 않을 것이다.

그러나 '중국 4,000년사'는 중국인의 천진난만한 바람과 공상에 지나지 않으며, 실제로 그 지역(앞으로는 지나 지역이라고 부른다. 지나라는 단어의 사용법에 관해서는 제2장을 참고하길 바란다)에서 일어난 역사와는 크게 다르다.

애초에 황허 문명이 지나 중심 지역, 현재의 허난성河南省 주변에서 일어난 것은 사실이다. 그러나 고고학에서 지속적으로 연구한 결과, 그 문명과 현재의 '중국인'과는 문화적으로도, 인종적으로도 단절됐다는 사실이 속속 밝혀지고 있다.(관련해서 자세한 내용은 제1장을 참고하면 된다) 현재 그리스인이 고대 그리스 문명과는 직접 연결되지 않은 것과 마찬가지다.

조금 더 자세히 말하자면, '유라시아 역사'라는 관점에서 보면 '중국사'가 야만인으로 규정한 유목민이 동쪽으로는 시베리아에서 서쪽으로는 유럽까지 퍼지고, 문화적·인종적으로도 섞여 세계사를 움직여 왔던 반면, '한漢 문명'이 퍼진 곳은 화북과 화중이라는 이른바 중원을 중심으로 한 로컬에 머물러 있었다. 현재 중국에서 가장 경제적으로 발전한 남부의 창강長江(오늘날의 양쯔강) 유역에서조차 5세기 남북조시대가 돼서야 겨우 본격적인 개발이 시작됐을 정도였다. 이렇게 보면 '한 문명'은 보편적인 세계 문명의 하나라기보다는 로컬 문명이라고 생각하는 편이 실상에 가깝지 않을까.

그리고 또 하나 '중국사'가 가진 큰 문제점은 일종의 '피해자 사관'으로 서술됐다는 점이다. '한족'은 항상 이민족의 침략에 지속적으로 노출됐다고 하는 이야기로, 근대 이전에는 북방의 유목민족, 근대 이후에는 바다를 건너온 서구 열강과 일본이 '적'이었다.

그러나 국민국가가 세워진 이후의 근대라면 모를까 그 이전에 지나 지역이 어떤 특정 민족의 땅이었다는 주장은 성립되지 않는다. 다양한 뿌리와 문화, 생활 형태를 가진 집단이 역동적으로 움직여서 번영과 변화를 거듭한 것이 유라시아 대륙의 역사이며, 사실로서의 '중국사'인 것이다.

유라시아의 일원인 몽골인의 견해로는 이른바 한족 중심의 '중국사'는 그들의 로컬사인데도, 자신들이 보편적이라고 믿고 있는 세계관과 피해의식의 혼합물일 뿐이다. 그리고 중요한 것은 현재 중국에서 '한족 중심주의'가 점점 강해지고 있는 사실이다. 그들은 '한족'이 아닌 '중화민족'을 표방하는데, 이것은 몽골이나 티베트, 위구르 등 소수민족 문제를 고려한 정치적 수사에 불과하다. 억지로 다른 개체를 포섭해 동화하려는 정책은 또 새로운 대립을 낳고 있다.(사진 1)

오늘날 중국이 안고 있는 심각한 민족 문제와 외교 문제의 대부분은 다른 민족이나 다른 문화·종교에 대한 불관용 및 관심 부족이 표면화된 것이라고 말할 수 있다. 그리고 그 배경에

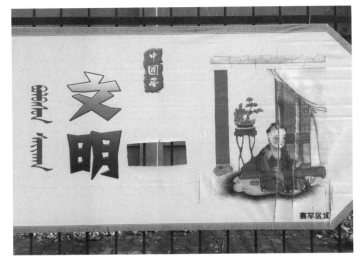

| 사진 1 |
2016년 현재 내몽골 자치구의 수도 후허하오터呼和浩特 시에 있는 간판. 중국인인 시진핑 중국 국가주석이 제창한 '중국의 꿈'의 하나로, '문명화'가 강조됐다. 몽골인도 한족풍의 집에 살고 한족의 악기를 연주하는 게 이상적이라는 그림이다. 몽골인은 이런 중국풍의 정치선전 그림을 보는 것만으로도 기분이 나빠진다.

사진 제공: Jibkhulang.

는 '중국, 즉 한족을 천하의 중심, 세계의 중심'으로 본 이른바 '중화사상'이 있다.

이민족 통치하에서 번영하다

지나 지역의 역사를 따라가다 보면 유라시아에 이르는 곳까지 교역하고, 국제적인 문화가 꽃을 피웠던 시기도 있었다. 예를 들어 일본과의 교류도 활발했던 수隋와 당唐, 세계 최대의 제국으로 여겨지는 몽골제국元, 청淸 등 번영의 시기는, 마땅히 아시아의 대제국으로 불릴 만하다. 그러나 이들은 모두 한족이 아닌 민족이 세운 정복 왕조다.(본문에 앞서 나온 표 '지나支那=중국'과 '유라시아 동부' 국가의 변천사 참조) 한마디로 말하면 유목민이 건립한 왕조였다.

예를 들어 6세기 말에 지나 지역을 통일한 수는 북방 유목민의 하나인 탁발拓跋·선비鮮卑계(기원전 3세기부터 6세기에 걸쳐 지나 북부에 존재한 유목·기마민족. 오호십육국五胡十六國시대, 남북조시대에 남하해서 지나에 북위北魏 등의 왕조를 세웠다)의 왕조였다. 그런데 제3장에서도 다룰 것처럼, 후에 한인이 편찬한 역사서에서는 후한의 훌륭한 신하 양진楊震의 후손이라고 '지나화'되어 전해 내려온다.

수에 이어 등장한 당도 탁발·선비계다. 이 시기 수도 장안에는 동아시아는 물론이고 이른바 실크로드를 통해서 서쪽에서부터 많은 사람이 방문했으며 다양한 상업·문화 활동이 이루어졌다.

당이 국제적인 대제국이 된 이유 중 하나는 실력이 있으면 민족이나 종교 등에 관계없이 등용하는 관용이었다. 견당사遣唐使(당에 파견된 사신)로 건너간 아베노 나카마로阿倍仲麻呂가 당에서 관료로 중용되고, 이백·왕유 같은 일류 문화인들과 친하게 지낸 것도 한 사례다. 8세기 중반에 당 멸망의 간접적 원인인 '안사의 난'을 일으켰던 안록산安祿山(북방 3개 주를 관장하는 절도사)과 사사명史思明도 모두 소그드인(페르시아계)과 돌궐인의 혼혈이었다.(스기야마 마사아키杉山正明, 『질주하는 초원의 정복자』; 모리야스 다카오森安孝夫, 『실크로드와 당제국』)

당나라의 국제성은 문화에도 큰 영향을 주었다. 대표적인 예가 당시唐詩다. 오카다 히데히로岡田英弘의 『연표로 읽는 중국의 역사』를 보면, 당시에는 알타이어계의 영향이 강했고, 그 운율을 도입한 후 매우 큰 발전을 이루었다고 한다. 시선詩仙이라 불린 이백은 투르크인(터키계)일 가능성이 크다. 또한 시성詩聖 두보에게도 '유목민의 천막에서 술을 마시고, 투르크풍의 춤을 즐기는 것이 정말 좋다'고 하는 시가 있을 정도다.

　원에 이르러서는 지나의 왕조라기보다는 몽골제국의 일부로 생각하는 편이 실상에 가깝다. 티베트 불교, 페르시아 등 중앙아시아를 거쳐 들어온 이슬람교와 네스토리우스파 기독교 등도 몽골제국에서 공존하면서 저마다 대규모로 확산·번영했다. 문예 면에서도 「원곡元曲」이라고 불리는 연극이 절정을 맞아 『서유기』 『수호전』 『삼국지연의』 등의 원형이 됐다고 한다. 또한 송宋나라 때 억압적이던 언론 통제도 원에 들어서면서 거의 없어졌기 때문에 다양한 책이 차례로 인쇄되며 중국 역사상 질과 양 모두 최고점에 이르는 출판문화도 꽃을 피웠다.(미야 노리코宮紀子, 『몽골시대의 출판문화』) 그러나 현대 중국의 지식인은 어떻게든 몽골시대 판본의 존재를 인정하려 하지 않고, 무리하게 '송판'이나 '명판'으로 분류하려고 한다.

　청 역시 만주인 왕족이 몽골인과 함께 지나 지역을 통치한, 유목민족이 세운 왕조였다. 그들은 다민족·다종교정책에도 힘을 쏟았기 때문에 '한족'의 왕조에서는 손을 댈 수 없었던 몽골과 티베트, 그리고 동투르키스탄을 판도에 넣을 수 있었다. 『강희자전康熙字典』이나 『고금도서집성古今圖書集成』 『사고전서四庫全

『^書』의 편찬 등 청나라 때 문화 사업에서 올린 뛰어난 성과 역시 잘 알려져 있다.

지금까지 살펴본 바에 의하면 한족 중심주의가 아니라 이민족에 의한 국제주의로 통치된 시대야말로 '중국'이 가장 번창했던 시기라는 사실을 알 수 있다.

늘렸다 줄였다 하는 자기중심 사관

다시 '중화사상'으로 돌아가 보자. '한족'이 의지할 장치이자 족쇄이기도 한 이 사상은 어떻게 형성된 것일까.

내 생각으로는 고대 지나의 도시 국가에서 성립된 '원^原 중화사상'과 그 이후 유목민족 및 근대 서양과의 긴장 관계 속에서 만들어지고 왜곡된 '콤플렉스로서의 중화사상'으로 나뉜다.

먼저 고대 지나 지역, 특히 중원이라 불린 화북의 고원 지역에서는 농경을 기반으로 하는 사람들이 사방을 높은 성벽으로 둘러싸서 외적의 침입을 막는 도시 국가를 세웠다. 그 성벽의 안쪽이야말로 '천하' 즉 '세계'이며, 외부는 '비문명' '비문화'적인 황야가 펼쳐져 있다는 이미지다. 이것이 '원 중화사상'이다.

여기에서 중요한 것은 이 도시 국가에는 국경이라는 개념이 존재하지 않았다는 사실이다. 예를 들어 일본처럼 산과 강의 기복이 심한 지역에서는 산이나 강, 아니면 바다가 자연스럽게 국경이 된다. 그렇기 때문에 일본인의 근저에는 '이 강과 산을 경계로 우리가 사는 마을 건너편에 다른 마을이 있다'라는 지리적 환경에 기인한 정체성이 생겨난다.

그러나 고대 지나에서는 자연적 국경의 개념이 부족했다. "두루 천하는 모두 왕의 땅이다"라는 말이 있듯이, 도시 국가의 인구와 부가 증가하고, 강한 권력과 높은 군사력을 가진 지도자가 나타나면 '국토 개척'이라고 이름 붙이고, 성벽을 점점 바깥쪽으로 확장했다. 반면 왕의 힘이 약하면 지배 범위를 한정하면서 성벽의 규모를 축소시켰다. 이들에게 국경은 어디까지나 인공적인 것이었다.

이 사고방식은 현대 중국인에게도 그대로 남아 있다. 예를 들어 전 세계에 존재하는 차이나타운은 성벽 도시 국가의 현대판이라고 해도 좋다. 또 다른 예도 있다. 최근 아프리카의 인프라 투자에 적극적으로 나서고 있는 중국이지만, 그곳에서도 아프리카 현지인을 고용하지 않는다. 자국민 중 저소득층을 대량으로 이주시켜서 일을 시킨다. 이것도 어디에 있든지 인공적으로 둘러싸인 구역에 집단으로 정착하고 거주하면, 그곳은 자신들의 땅이 된다는 소박한 성벽 도시적인 발상에서 기인한다.(사진 2)

그들 지나인, 중국인에게 국경이란 국력이 높아지면 자유롭게 변경 가능한 것이다. 북방민족에게 침략당했다는 의식은 있어도, 자신들이 몽골 평원과 동투르키스탄에 '침략했다'는 의식은 전혀 없다. 최근에 활발하게 진행하고 있는 남중국해 진

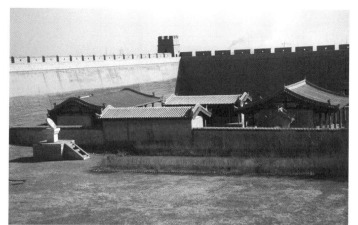

출도 만약 "구단선(중국이 남중국해에서 영유권을 주장하기 위해서 독
자적으로 설정한 9개의 경계선)까지는 중국의 영해다"라는 주장이
통하면, 다음은 당연한 것처럼 "말라카 해협까지가 중국이다"
라고 확장해 나갈 것이다. 왜냐하면 중화사상에 의하면 '두루
천하(세계)는, 왕토王土(중국령)'이기 때문이다.

문명 사관과 유목 사관

문명 사관의 사고

'우리가 바로 세계의 중심'이라는 자문화 중심주의는 어떤 의미에서 세계 모든 집단에서 나타나는 보편적인 사고라고도 할 수 있다. 다만 '중화사상'이 문제가 되는 이유는 그것이 다른 민족과 접촉하면서 크게 왜곡됐기 때문이다. 단적으로 말하자면 유목민족과의 전투에서 거듭해서 패배하자 현실을 부인하고, '우리는 패했지만, 야만적인 적보다 문명적이고 우수하다'라고 여기는데, 이것이 더욱 커져서 '우리는 문명적이고 우수한 민족이니까 야만인에게 질 리가 없다. 현실이 잘못됐다'라는 허구를 만들어 냈다. 그리고 근대 이후에는 그 '적'이 서구 열강 및 일본으로 바뀌었다.

나는 중국과 주변 민족과의 관계를 이해할 때, 근대 이전은 우메사오 다다오梅棹忠夫의 『문명의 생태사관』, 근대 이후는 가와카쓰 헤이타川勝平太의 『문명의 해양사관』이 내세운 이론적 틀이 유효하다고 생각한다. 이 두 이론은 모두 '왜 일본과 유럽만이 근대화에 성공했을까'라는 물음에 대한 도전이지만, 나는 이것을 중국을 객관적으로 이해하는 데 쓰려고 한다. 두 문명 사관은 유목민의 견해, 유목 문명의 사관과도 가깝기 때문이다.

우선 우메사오의 이론부터 살펴보자.

여기에서는 신대륙을 제외한 세계가 크게 제1지역과 제2지역으로 나뉜다. 제1지역이 일본과 서유럽이며, 제2지역이 유라시아와 북아프리카다. 이 가운데 고대에 제국을 형성했고, 문명이 발달한 것이 제2지역이다. 제1지역은 '조금의 문제도 되지 않는' 변방에 불과하다. 게다가 그리스·로마의 지중해 문명은 서구 문명과는 '다른 것이라고 생각한다'고 서술됐다.

그리고 제2지역은 기후적으로 중앙에 거대한 건조 지대가 있고, 고대 문명은 그 건조 지대 또는 주변의 사바나에서 발전했다. 문제는 여기부터다. 우메사오는 '건조 지대는 악마의 소굴'이라고 단정한다. 그의 이론에 따르면 중앙에서 유목민을 주류로 한 파괴적인 폭력을 휘두르는 집단이 나타나 제2지역에서 난동을 부리고 다닌다. 그 결과 '건설과 파괴의 끝없는 반복'이 일어나 근대화라는 '새로운 혁명적 전개'에 이르기까지 성숙할 수 없었다.

반면 제1지역은 '풍부한 지역'이었다. 중위도 온대 기후, 적당한 강우량, 높은 토지 생산력과 함께 우메사오가 강조하는 것은 '무엇보다도 이곳은 구석이었다'라는 점이다. 따라서 '중앙아시아와 같은 초원으로부터의 폭력'이 거의 미치지 않았다고 설명한다.

우메사오가 가진 사관의 큰 특징은 인간의 역사를 자연계의 천이遷移라는 개념으로 파악하고 있는 것이다. 천이는 식물과 동물 등으로 구성된 생태계가 상호 작용해서 시간의 추이와 상황 변화에 따라 최적의 생활양식으로 변화하는 것이다. 이를 통해 고대에는 최적의 환경이었던 제2지역 대신 제1지역이 우월했다고 주장했다. 우메사오 이론은 이후 다양하게 발전되지만, 여기에서는 '중앙아시아 같은 초원으로부터의 폭력' '건조지대로부터의 폭력'으로 표현된 유목민족과 중국과의 관계를 주로 논할 것이다.

사실 나는 그가 살아 있을 때, 이런 질문을 한 적이 있다.

"나는 몽골 출신입니다. 우메사오 선생님은 유목민족의 문화와 삶의 방식을 실제로 조사하고 높이 평가하고 있으면서도, 왜 '악마의 소굴'이라든가 '대단히 엉망진창인 녀석들'이라고 표현하는 것입니까."

그때 그는 교토 사투리로 "아, 그건 파워다"라고 대답해줬다. 이것은 꽤 절묘한 대답이라고 생각한다. 그런데 여기서 그가 말하는 유목민족의 '파워'란 무엇이었을까.

'구동력'으로서의 유목

우선 구체적으로 떠오르는 파워는 '군사력'일 것이다. 중화사상의 색안경을 쓰고 보면, '유목민족의 군사력은 야만적이고 미개하고 난폭'하다는 이미지로 굳어지지만, 이는 사실과 크게 다르다. 군사력은 그 당시의 과학 기술과 사회 시스템, 집단의 결속력, 정보 수집 능력 등 다양한 요소의 종합체다. 예를 들어 오늘날 세계적으로 가장 강한 군대를 가진 나라는 의심할 여지없이 미국인데, 미국의 강함을 '야만적이기 때문'이라고 설명하는 사람은 없을 것이다.

유목민족의 파워를 뒷받침한 기술 가운데 가장 중요한 것이 '동물 파워'다. 목축은 단순히 자연에 동물을 방치해두면 되는 게 아니다. 말이나 소, 낙타라는 대형 동물을 사육하고 관리하는 기술은 그 자체가 고도의 문명이었다. 유목 생활에서 중요

| 사진 3 |
고도의 관리와 방목 기술이 요구되는 유목민. 양 떼를 몰고 가는 풍경. 독특한 소리를 내고, 목초지 관찰도 게을리 하지 않는다. 이들은 "살아 있는 동물을 다루는 건 농민이 작물을 키워내는 것과 똑같이 힘든 일"이라고 인식하고 있다.

한 점은 유목에 적합한 초원을 찾아 다른 집단과도 조화를 이루며 이동하는 것이다. 말·소·낙타 등은 광활한 지역에서 이동하는 구동력을 가져왔다.(사진 3)

또한 청동과 철제 무기도 동물 파워를 사용하면 쉽게 운반할 수 있다. 마차의 이용도 서아시아가 지나 지역보다 앞섰으며, 점차 동쪽으로 전해졌다고 알려져 있다.

더 큰 것은 정보력이다. 유목은 농경에 비해 기상 등의 환경 변화에 직접적으로 영향을 받는다. 따라서 토지의 상황 같은 정보의 정확도에 사활을 건다. 일정한 지역에 머무르는 농경민족에 비해서 유목민은 광대한 지역을 이동하면서 보고, 듣고, 조사를 반복하기 때문에 더욱 광범위한 정보를 손에 넣었다. 그런 의미에서 유목민들이 '세상이 좁은' 농경민을 경시하는 경향도 있었다.

이동하면서 얻은 정보는 일상에도 활용했다. 운반 능력이 높고, 다양한 지역을 오가며 그곳의 생산품과 시장의 수요를 알 수 있었던 유목민은 우수한 상업민이기도 했다.

사회 구조에서도 농경민과 유목민은 크게 다르다. 같은 지역에서 기본적으로 같은 종류의 작물을 계속 만드는 농경민이 문화적이나 인종적으로도 동일성 지향이 높은 반면, 유목민의 경우 광대한 스텝Steppe (시베리아의 초원 지대)을 이동하면서 유목으로 살아가기 때문에 각각의 민족이 고정된 영토를 가지는 것 자체가 불가능했다. 이합집산을 반복하면서 서로 다른 배경을 가진 상대라도 정보를 교환해서 공존할 필요가 있다는 생각이 자연스레 쌓였다. 그리고 이 생각이 유목민족의 관용성으로 이어졌다고 볼 수 있다.

또한 유목민에게는 유력한 집단이 나타나면 모두 함께 그 일원으로 들어가는 요령도 요구됐다. 페르시아의 역사가이며 몽골제국의 재상이 된 라시드 앗딘은 저서인 『집사集史』에서 '스텝의 녀석들은 모두 허풍쟁이가 됐다'라고 말했다. 유라시아 지역에서 몽골이 강대한 제국이 되면서 일대의 유목민은 모두 몽골을 자칭한다는 것이다. 마찬가지로 투르크(터키 계통의 언어를 썼다는 돌궐, 위구르 등 여러 집단을 한데 묶은 호칭)가 강해지면 투르크를 자칭했다. 그러니 페르시아인이 보기에는 너무 편리한 허풍쟁이라고 생각했을 것이다. 그러나 유목민에게는 특별한 일이 아니다. 자신들의 가치관에 맞는 통치 체제와 생활양식, 그리고 도덕관념 등을 갖춘 집단이 나타나면, 혈통이나 출신 지역에 관계없이 일원으로 참가하는 게 유목민의 방식이다. 받아들이는 쪽도 툭 터놓고 그에 응하기 때문에, 몽골인의 집단에 투르크인과 티베트인, 더 나아가서 지나인과 페르시아인, 유럽인과 일본인이 참가해도 하나도 이상하지 않다.

군사력과 정보력, 그리고 유동성과 개방성이 높은 조직 원리. 이것이 유목민의 파워였고, 농경민에게는 파괴적인 위협이기도 했다.

상상 속 '중화 문명'

지금까지 비판적으로 논의했지만, 예로부터 지나 지역의 농경민이 높은 문명을 쌓아온 것은 말할 필요도 없다. 한자라는 표의문자를 발명해서 다른 언어를 쓰고 있던 다른 도시 국가 사람들이 의사소통할 수 있게 하고, 유교를 비롯한 다양한 사상을 낳았다. 농업 생산을 바탕으로 했으며, 청동기 등 선진 문물도 남아 있다. 진시황제가 지나 지역의 통일을 도모하고, 한 무제 때는 몽골 남부에서 베트남까지 세력을 넓힌 순간도 있었다.

이런 높은 문명을 자부하고 있었던 만큼 유목·기마민족에 패배했을 때의 충격도 컸다. 전형적인 예를 하나 꼽자면, 1004년 북송과 거란인의 왕조 요遼 사이에 맺어진 '단연의 맹세'가 있다. 이때 화북에서 공격을 당한 송은 매년 비단 20만 필과 은 10만 량을 요에 바치는 것으로 화의를 맺었는데, 왕조의 정통성을 고집하는 지나인에게는 굴욕적으로 비쳤다. 그 결과 어디까지나 자신들의 왕조만 정통이라고 말하면서 요와 서하西夏, 금金 등 북방 민족의 왕조를 '이적夷狄' 즉 오랑캐라고 깎아내리는 '패자의 콤플렉스로서의 중화사상'이 단숨에 표출된다.

그것은 먼저 문자로 드러났다. 고대부터 유목민을 가리켰던 동이東夷·북적北狄·서융西戎·남만南蠻에는 개사슴록변³을 주로 사용했다. 또한 지명에도 중화사상적인 표현도 많이 썼다. 예를 들면 '정남定南'은 문자에서 알 수 있듯이 남쪽을 안정시키다, 즉 정복했다는 의미다. '정동定東'이나 '진서鎭西', 즉 서쪽을 진압했다는 의미의 지명과 동쪽을 평정했다는 '평동平東', 먼 곳을 편안하게 했다는 뜻의 '수원綏遠'도 있다. 흥미로운 것은 모두 실상과 맞지 않았다는 점이다. 지배가 미치지 않았던 지역에 멋대로 붙인 이름에 불과하다. 즉 언어에 의한 가상 통치가 선행된 것이었다.

물론 그렇게 지명을 붙여도 이민족의 군사적 위협이라는 현실은 변하지 않았다. 단지 자신들이 우월감 속에 빠지고, 결국에는 자신의 거짓말을 현실이라고 믿어버리면 좋은 것이다. 이것이 중국의 정치와 통치 심리다.

이처럼 현실을 외면한 채 자신들의 바람을 일방적으로 표명해서 우위를 확립하려는 심리가 지금도 이어져서 '중화 문명'이란 고질병이 된 느낌이 든다. 이것은 그들이 역사를 대하는 방식에도 나타나고 있다. 사실을 마주하는 것이 아니라 자신들에게 좋은 부분만 받아들이는 것이다. 그래서 이민족이 세운 정복 왕조임을 알면서도 "위대한 한족에게는 수·당이 가장 번성한 왕조였다"라든지, "원나라는 중국이 가장 광대한 영토를 보유했던 시대다"라고 태연하게 거짓말한다. 그뿐만이 아니다. "티베트와 몽골은 청나라의 일부였기 때문에 지금도 우리의 영토"라며 자신의 침략적 지배와 착취를 긍정하는 논리에도 이용한다.

공자의 가르침은 어디로 갔는가

사상 측면에서 중국이 자신의 바람과 현실을 혼동시키기 위해 많이 이용한 것이 유교였다. 예를 들어 우리가 애독해 온 『논어』를 살펴보자. 공자가 말하는 가르침은 분명히 높은 윤리나 강한 책임 의식 등 존중할 만한 내용이다. 그동안 일본인은 중국이 모두 『논어』에 그려진 이상적인 세계관과 고결한 삶을 실천하고 있는 '성인聖人의 나라'라고 오랫동안 생각해 왔다.(구리타 나오키栗田直樹, 『공산 중국과 일본인』)

그러나 중국의 실상은 전혀 다르다. 한자 학습은 난이도가 높아서 지나 지역에서도 자유롭게 한자를 다룰 수 있는 사람은 드물었다. 따라서 『논어』를 이해하는 건 극히 일부의 지식인 계층에 불과했다. 애초에 공자가 주창한 정치사상은 그가 살아 있을 때 어디에서도 받아들여지지 않았고, 그는 여러 나라를 떠돌 수밖에 없었다. 즉 실천된 적도 없었던 이상적인 세계를 말한 것이었다.

중국의 현실은 늘 유교의 가르침보다 훨씬 가혹했다. 그러나 현실과의 괴리가 오히려 '유교야말로 가장 위대한 정신적 가르침이며, 이것을 이해할 수 없는 자는 오랑캐와 마찬가지'라는 생각으로 굳어져 중화사상의 중심축 중 하나가 됐다. 나중에 국가 교학教學이 되는 주자학이 북송부터 남송까지 북방민족의 압박이 혹독했던 시기에 형성된 것은 결코 우연이 아니다.

또한 '백가쟁명百家争鳴'이라는 말이 있을 정도로 다양했던 고대 지나 지역의 사상이 시간이 지남에 따라 유교로 일원화된 예도 좋은 것이나 가치 있는 것, 정통은 늘 하나라며 다른 것을 인정하지 않고 동화를 강요하는 '중화 문명'의 특징을 잘 나타내고 있다.

이렇게 일원화를 지향하는 특성이 정치적인 면에서 나타난 것이 왕이 절대적인 권력을 보유하는 중앙집권체제다. 유럽이나 일본에서 분권적인 봉건제가 생긴 것과 달리 지나에서는 황제라는 일원적인 권력이 정통으로 간주됐다. 황제의 독재로 매우 효율적인 권력·재력의 집약이 가능해짐과 동시에 폭주도 종종 일어난 게 중국의 역사다.

유목민족이라고 하면 칭기즈칸과 아미르 티무르 등 강한 지도자를 떠올리기 쉽지만, 실제로는 분권적이며 회의를 통한 합의를 매우 중시한다. 칭기즈칸이나 쿠빌라이칸도 여러 부족의 지도자로부터 선출된 대표이며, 독재자가 아니었다. 부족 지도자들의 승인 없이는 재력도, 막강한 군사력도 행사할 수 없을 정도였다.

해양 문명에서 멀어지려는 중국

바다에서 펼쳐진 근대화마저도 뒤처진 중국

지금까지 논의한 '중화사상'의 내용은 기본적으로 근대를 지나 현대에 이르기까지 큰 변화가 없다. 이들의 생각은 변화가 없었으나 '적'은 변화가 일어난다. 근대가 되면 북방의 유목민을 대신해서 바다를 건너온 영국 등의 서구 열강, 그리고 일본이 새로운 정복자로 중국에 나타난 것이다.

　세계사의 무대를 '대륙'이 아닌 섬과 바다로 구성된 '다도해'에서 찾았던 가와카쓰는 『문명의 해양사관』에서 흥미로운 지적을 하고 있다. 해양 문명보다 선행한 게 이슬람이 지배하는 환인도양環印度洋 지역과 중국을 중심으로 한 환지나해環支那海 지역이며, 서유럽이나 일본은 변방에 불과했다는 주장이다.

중요한 사실은 자신의 열세를 자각한 유럽과 일본이 어떤 결단을 했느냐다. 서유럽 국가들은 인도양 루트에서 이슬람 상인의 지배를 벗어나려고 희망봉을 도는 아프리카 항로를 개척하고, 나아가 아메리카 대륙으로 진출했다.

한편 아시아에서는 지나 연안과 일본의 규슈^{九州}와 현재 오키나와(당시 류큐^{琉球})를 잇는 거대한 무역권이 형성된다. 그곳에서는 지나의 비단과 도자기 등 당시의 '하이테크 제품'과 아시아의 향신료 등이 주요 수출품이었다. 서유럽은 아메리카 대륙에서, 일본은 이와미^{石見} 은광 등에서 캐낸 금과 은으로 지나의 제품이나 향신료를 구입하는 적자 구조였다.

이후 서유럽은 산업혁명으로 생산성과 군사력을 향상하고, 경쟁력을 키워서 글로벌한 '근대 세계 체제'를 구축한다. 에도 시대 쇄국 체제에 들어간 일본은 노동력 투입을 늘려서 생산성을 높이는 근면혁명^{勤勉革命}으로 자급 체제와 생산 기술의 향상을 이뤄낸다. 이것이 근대화를 대폭 전진시키는 요인이 됐다.

그렇다면 이때 지나(당시 명나라)는 어떻게 대응했을까. 마치 '해양 아시아' 무역권 융성에 역행하듯이 해금^{海禁}(해상 교통·무역·어업 등을 제한)정책을 실시하고, 민간 무역을 금지하는 등 엄격한 제한을 마련했다. 원래대로라면 최대 수출국이었을 명나라가 해양 아시아의 맹주가 될 가능성이 높았다. 그러나 실제로는 왜구(중국 연안 지역에서 밀무역을 하고, 약탈하던 일본의 무장 상인 집단)를 단속하는 데 급급할 뿐이었다.

명나라는 백련교의 비밀결사원인 '홍건의 난'에 힘입어 한족인 주원장朱元璋이 건국한 왕조였다. 그들이 해양 교역의 발흥이라는 세계사적인 전환점을 맞아서 한 선택이란 게 결국 한족의 특기인 성벽 국가적 은둔정책이었던 것이다.

아이러니하게도 명나라의 해금정책을 거들떠보지도 않고, 만주 남부에서 모피와 인삼 등 고가의 물품을 팔아 거대한 이익을 얻은 무장 상인 집단의 리더가 여진족의 누르하치였다. 그들은 무역으로 돈을 벌어서 무장을 강화하여 마침내 명나라를 무너뜨리는 세력이 된다. 유목과 농경 모두 행하던 이들은 뛰어난 상업민이기도 했다. 이렇게 해서 명나라는 해양의 시대가 막이 오를 때 맹주가 될 절호의 찬스가 있었지만, 결정적으로 늦고 말았다.

'동이東夷' 일본의 근대화에 대한 콤플렉스

그렇게 근대에 들어서면서부터 '중화 문명'에 가장 큰 시련이 찾아온다. 그것은 일본의 대두였다. 예로부터 동이, 즉 동쪽 오랑캐의 하나에 지나지 않았고, 한정된 시기를 제외하고 조공의 권역에도 포함되지 않아서 교섭도 거의 없는 존재였던 섬나라, 적대시는커녕 관심을 기울일 필요조차 느낀 적 없는 소국이 불손하게도 근대화에 성공했다. 게다가 서구 열강과 어깨를 나란히 하면서 '왕토'를 유린하려고 한 것은 '중화사상'이 생각해

온 세계 질서를 근본적으로 뒤집는 경천동지할 사건이었다.

근대화를 둘러싸고 앞서가는 일본과 뒤따르는 중국이라는 구도는 지금도 변함이 없다. 이 열등감은 우리가 상상하는 것 이상으로 뿌리 깊다. 예를 들면 시진핑 중국 국가주석이 2015년 10월 영국을 방문했을 때, 영국 의회에서 일본의 침략에 관해 일부러 언급하는 것을 잊지 않았다. 그러나 정작 영국이 행한 아편 전쟁의 부조리와 그 뒤 체결된 불평등 조약에 관해서는 한마디도 언급하지 않았다. 이것은 중국인이 생각하는 '천하'의 외부에서 나타난 영국보다 우습게 여겼던 일본에게 느끼는 콤플렉스가 더 강렬하고 선명하다는 사실을 의미한다. 내 생각에는 중국이 이 콤플렉스에 집착하고 있기 때문에, 아무리 시간이 지나도 근대와 제대로 마주보고 자신의 것으로 소화할 수 없다고 본다. 지금처럼 아편 전쟁 이후 청나라의 몰락과 일본의 대두 등을 모두 "한족이 여러 민족을 이끌고 일치단결해서 일본제국주의와 서구 열강을 물리쳤다"라고 이야기한다면, 결국은 "중국은 아무것도 나쁘지 않고 아무것도 잘못하지 않았다. 나쁜 것은 모두 외국이다"라는 이야기가 된다. 이런 태도를 고집하면 진정한 의미에서 역사로부터 배울 수 있는 게 없다.

이런 상황 때문일지는 모르겠으나 중국에서는 역사든 사회적 이론이든, 새로운 해석이나 독특한 학설이 나온 적이 없다. 물론 중국 공산당의 억압이 심한 탓도 있겠지만, 역시 '중화사상'의 폐해가 더 본질적이고 심각하다. 어디까지나 중국 중심으로만 세상을 볼 수밖에 없기 때문에 세계를 하나의 시스템으로 객관적으로 파악하는 발상이 생길 수 없다.

만일 앞으로 중국 경제가 발전하고 군사적으로도 강해져서 지금 이상으로 존재감을 키운다고 해도 결국은 성벽으로 둘러싼 범위가 넓어질 뿐이며, 세계의 질서를 바꾸는 힘은 없을 것이다. '중화사상'의 협소한 시야에서는 세계인을 사로잡을 매력 있는 시스템을 구상할 수 없기 때문이다. 아시아 인프라 투자은행^AIIB과 일대일로^一帶一路(중국 서부에서 중앙아시아, 유럽을 잇는 '실크로드 경제 띠 일대'와 중국 연안부에서 동남아시아, 인도, 아프리카, 중동, 유럽으로 이어지는 21세기 해상 실크로드 일로)도 얼핏 보면 국제적인 시스템을 지향하고 있는 것처럼 보이지만, 실제로는 중국 내부의 논리를 자타의 구별도 없이 강요하고 있을 뿐이다. 단언하건대 중국적인 가치관을 받아들일 정신적 토양은 전 세계 어느 곳에서도 찾을 수 없다.

더 얘기해보자면 나는 '중화사상'이 중국이 국제적으로 개방되고 한층 더 발전을 이룰 가능성을 묶는 '족쇄'라고 생각한다. 만약 중국이 21세기에 세계를 이끄는 대국이 되고자 한다면 과거 당·원·청 같은 국제적이면서 다른 민족, 다른 문화의 영향을 두려워하지 않는 국가를 지향해야 할 것이다. 그때야말로 두보와 이백의 당시^唐詩가 그랬던 것처럼, 지나 문명의 잠재력도 최대로 끌어낼 수 있다. 그러나 점점 권력의 일원화와 사상적인 동화 압력을 강화하기만 하는 중국에게 그런 행보를 기대하는 건 어려울지도 모르겠다.

지금까지 이야기해 온 것처럼 이 책은 유라시아 유목민의 역사와 문명을 기준으로 삼아 중국사와 '중화사상'을 상대화하려고 한다. 그것은 지금까지 역대 왕조를 말장난처럼 음률에 맞춰 암기하고, 한문 수업에서 변방의 땅에 부임하는 병사의 한시를 읽다가 현재의 중국이 중심이 되는 역사가 이어졌다는 착각에 빠져버린 독자에게, 완전히 새로운 관점을 제시하는 '거꾸로 중국사'이기도 하다.

우선 제1장에서는 '한족'이란 애초에 무엇인지 고찰한다. 중국이라는 '중심'이 있고, 유라시아라는 '주변'이 있다는 세계관이 어떻게 강력한 힘을 갖게 되었는지도 자연스럽게 도출한다.

제2장에서는 고대에 나타난 인류의 이동 중 북방 경로에 관한 최신 연구 성과를 제시하면서, 유목민이 창조한 문명을 살펴본다. 이어서 약 600여 년에 걸쳐 유라시아의 동서에서 활약한 흉노, 훈족의 역사를 제3장에서 다루고, 지나 중심 사관 속 한 왕조의 종교 사상과 비교한다.

제4장에서는 탁발·선비계 국가가 번영하고 있던 무렵 유라시아에서 진행된 투르크화와 이슬람화에 대해 설명한다. '적어도 중화와 동격'이었던 키타이^{契丹}(거란)와 탕구트, 그리고 몽골의 역사와 문화를 제5장에서 살펴본다.

만주인의 청나라가 지나를 병합해 유라시아 동부 최후의 제국으로 등장하는 드라마를 제6장에서 언급하고, '민족'으로 변신해 가는 현대로 이어온다. 자기중심 사관의 중국이 가진, 고대부터 세계와 궁합이 나빴을 뿐만 아니라 앞으로도 국제 사회와 부조화를 이룰 가능성이 큰 성질에 관해서는 마지막 장인 제7장에서 분석한다.

제1장
'한족'이란 무엇인가

황허

중원

양쯔강

기원전 18세기 이전

'한자' 시스템을 사용하는 사람들

중국의 역대 왕조를 고대부터 오늘에 이르기까지 살펴보면, 실제로는 대부분 한족의 왕조가 아니라는 사실을 알 수 있다. 그런데도 왜 중국과 일본 등에서는 '중국은 한인의 나라'라든가, '중국사는 한족의 역사'라고 하는 역사관이 정착했을까. 이 문제를 풀려면 우선 '한족이란 무엇인가'부터 손을 대야 한다.

'한자'와 '한인'

일본은 국가와 민족이 거의 동일한 국가다. 따라서 그 기준으로 세계의 '민족'을 생각하려고 한다. 게다가 근대 유럽의 여러 나라가 민족마다 국가를 만들었기 때문에 불필요한 고정 관념

| 사진 1 |
20세기 초부터 내몽골 자치구로 이주해서 살던 한인. 고추 수확을 하고 있는 부자의 모습. 그들은 척박한 산시성陝西省에서 풍요로운 몽골 초원으로 들어와서 부자가 됐다.

이 굳어졌다. 그래서 '한족'을 현재의 중국 영토로 대체해서 생각하게 됐다. 하지만 '한족'은 일본인이 생각하는 '민족'과는 상당히 다르다. 그들도 자신을 '민족'이라고 보지 않는다.

나는 중국의 내몽골(남몽골)에 있는 오르도스에서 태어났다. 몽골인이다. 몽골인이 많은 곳이지만, 어릴 때부터 몽골인이 아닌 사람과도 어울려 왔다. 그곳에서 사람들에게 "당신 누구냐"라고 물으면 그 사람들은 "한인"이라고 답했다.(사진 1) 그들은 절대 '한족' 혹은 '한민족'이라고 말하지 않았다. 이들이 말하는 '한인'은 영국인이나 프랑스인, 일본인 등 국민 국가와 겹치는 개념과도 다르다.

게다가 국가의 개념이나 공동체의 개념은 매우 희박하며, 유대인처럼 종교로 하나가 되는 유대감도 없다. 그렇다면 무엇이 아무것도 연결되지 않은 그들을 '한인'이라고 불리게 하고 있을까.

'중국어'는 아니다. 그것은 바로 '한자漢字'라는 발명이었다.

1919년 5·4운동 때 언문일치 운동이 일어나서 말하는 단어와 쓰는 단어를 일치시키기 위해 표준어, 즉 베이징어를 만들었는데 그것을 오늘날에는 중국어라고 부르고 있다. 이와는 달리 한자의 기원은 3,000년 전까지 더듬어 올라갈 수 있으며, 특정 시스템으로 갖춰져 사용할 수 있게 된 것은 지금으로부터 2,000년 전의 일이다. 고등학교에서 한문을 배웠던 사람이라면 중국에서 그들의 말을 들었을 때는 의미를 알 수 없었지만, 쓰인 한자를 알면 대략적으로 의미를 이해한 경험이 있을 수도 있다.

한자는 알파벳을 사용하는 다른 유럽계의 문자와는 달리 단어의 소리에 맞춘 것이 아니라 한 글자 또는 절 자체가 의미를 갖는 표의문자다. 이것은 다른 언어를 말하는 사람끼리 의사소통을 하는 데 적합하다. 만약 말하는 내용을 이해하지 못해도 한자를 일정한 법칙에 따라서 배열하고 표현하면 의사소통할 수 있다.

그리고 '한인'은 이 한자를 통해 의사소통을 하는 사람들이라는 의미다. 한자 시스템은 매우 견고하기 때문에, 역사는 한자 시스템을 사용할 수 있는 사람들이 기록했고, 그 사관이 진실처럼 정착됐다.

다양한 인종의 '한인'

더욱 뒤집어서 본 시점으로 볼 때 '한인'은 애초에 인종적 형태도 언어도 제각각이었다.

　내몽골의 오르도스 출신인 내가 겪은 문화인류학자로서의 경험을 이야기하자면, 산시성陝西省에서 이주해 온 '한인' 중에는 몽골인과 마찬가지로 턱뼈가 돌출된 사람이 많았다.(사진 2) 또 소수이기는 해도 파란 눈, 금발의 '한인'을 자주 볼 수 있었다. 그 옆의 간쑤성甘肅省에서는 노란 눈을 한 '한인'도 살고 있다. 직모가 아니라 곱슬머리인 사람도 적지 않았다.

　나중에 제4장에서도 자세히 다루겠지만, 오르도스에는 옛날 육호주六胡州(679년에 영주靈州·하주夏州의 남쪽에 당나라에 귀순한 돌궐의 난민 소그드인들을 살게 하고, 새롭게 6개의 주를 둬서 당나라의 관리가 통치)란 조직이 있었다. 6개의 호인胡人(한인이 북방과 서역의 여러 민족을 싸잡아 부르던 명칭) 집단으로 구성된 주다. 그들은 얼마 지나지 않아서 현재의 베이징 등으로 이주하기도 했지만, 일부는 현지에 정착해서 지역 주민과 피를 섞어갔다. 그러니 산시성陝西省과 간쑤성 등에 파란 눈, 금발, 노란 안구를 가진 중앙아시아인 같은 '한인'이 있어도 이상할 게 없다.

　마침내 내가 대학에 진학해서 베이징에 가보니 여러 지방에서 온 '한인'을 만날 수 있었다. 예를 들면 광둥인廣東人 중에는 얼굴이나 피부가 꽤 검은 사람이 많았다. 키도 작았다. 어떻게 봐도 베트남인이나 태국인, 또는 말레이시아인에 가깝다는 인상을 받은 적이 많았다. 상하이에 가까운 푸젠성福建省 사람들 역시 키가 작은 편이고 몸도 작은 편이다. 그리고 맨발로 도시

의 대학 강의실에 들어왔다. 그는 "산지인山地人"이라고 자칭하
며, 어릴 때부터 신발을 신은 적이 없다고 했다. 대학 운동회에
서도 맨발로 질주하는 산지인들은 압도적으로 빨랐다.

이런 광둥인이나 푸젠인들도 모두 '한인'이다. 그 공통점은
한자를 사용한 언어 시스템을 쓴다는 것뿐이다.

태국계 언어의 잔재

언어학적으로 조금 더 자세히 살펴보자. 지금까지는 양쯔강을
경계로 해서 '북방인'과 '남방인'이라고 구분했다. 대략적이기
는 하지만 북방계 한인, 남방계 한인이라는 분류는 '한인'이 스
스로 했던 것이다. 당연히 나 같은 몽골인은 북방계가 되는데,
우리 북방계는 남방인을 '난팡렌Nanfangren'이라고 발음한다. 그

런데 당사자인 남방인들은 '란퐌렌'이라고 한다. 'n'을 발음할 수 없기 때문이다. 'n'이 'l' 또는 'r'로 바뀐다. 그래서 '란퐌렌'이 된다. 현재 중국에서는 베이징어가 표준어이며, 만주·퉁구스계의 북방 민족의 발음이 정확하다고 여긴다. 만약 남방인이 일본어를 공부하려고 하면 나니누네노ナニヌネノ가 모두 라리루레로ラリルレロ로 바뀔 것이다.

일본어 교사가 남방인들에게 "고레와 난데스카これはなんですか"(이것은 무엇입니까)라고 말한 뒤 따라하게 하면, "고레와 란데스카これはランですか"(이것은 난초입니까)라고 발음할 것이다. 나는 남방인과 함께 일본어를 공부한 경험이 있는데, 발음이 안 되는 그를 자주 놀렸다. "고레와 란데와나이요これはランではないよ"(이것은 난초가 아니야)라고.

이 에피소드는 무엇을 의미하는 것일까. 어떻게 북방인은 남방인과 달리 'n' 'l' 'r'을 구분할 수 있게 됐을까. 하시모토 만타로橋本万太郎가 『한자 문화권의 형성』에서 지적한 것처럼 중국어(한어)의 알타이어화가 진행됐기 때문이다. 앞서도 조금 언급했지만, 일본어와 한국어, 그리고 몽골어와 터키어, 심지어 만주어 등 퉁구스계의 언어 모두 알타이계의 언어이며, 이 언어는 어두에 'r'이 오지 않는 경우가 많다. 일본인이 라리루레로를 'r'로 발음하게 된 것은 메이지 유신 이후다. 에도시대까지의 야마토大和 언어를 쓸 때는 'r'을 발음하는 게 어려워 앞에 '모음'인 오オ를 붙여서 러시아를 오로시야オロシヤ라고 발음했

다. 덧붙이자면 몽골인은 지금도 러시아를 오로시야라고 발음한다.

하시모토 등 언어학자들의 이론으로는 본래 어두에 'r'과 'l' 등 자음이 오는 것은 태국계 언어의 특징이라고 한다. 태국계 언어나 폴리네시아계 언어는 어두에 'r' 'l' 자음이 많다. 하지만 지금의 중국어 어두에는 자음이 적다. 그래서 중국어 사전을 봐도 'r' 항목은 불과 몇 페이지일 뿐이다.

중국어는 알타이어화됐으나 남방인이 발음하는 '난꽌렌'이 여전히 '란꽌렌'으로 들리는 이유는 남방인에게 아직 태국계 발음의 특징이 조금 남았기 때문이다. 그래서 남방인은 'n' 'l' 'r'을 구별하지 못한다. 우리 몽골인과 가까운 북방인은 완전히 알타이어화됐기 때문에 'n' 'l' 'r'을 구별할 수 있다. 같은 '한인'이라도 '북방'과 '남방'에는 이런 차이가 있다. 이것은 한자 시스템이 그만큼 다양한 사람을 포함하는 강력한 시스템이란 것을 의미한다.

후에 자세히 다룰 내용이긴 하나, 실제로 유라시아에서 세워진 국가 중 일부는 자신의 언어를 기록하는 수단으로 굳이 한자를 사용하지 않았다. 룬문자(게르만족이 쓰던 표음문자. 2세기 말쯤 성립)를 사용한 돌궐 비문과 같은 예도 있다. 이것은 돌궐이 한자를 언어의 표기 시스템으로 사용했다가 지나에 동화되는 것을 피하기 위해 선택한 결과였다.

바뀌는 '한인'

'공통 언어' '공통 지역' '공통 경제생활' '공통 문화' '공통 심리'를 가지고 같은 지역에 살고 있는 것이 '민족'이라고 한다면 '한족'은 존재하지 않았다. 사실 우리가 '한족'이라고 생각하고 있는 역사상의 왕조도 한자 시스템을 계승하면서 전혀 다른 사람들로 바뀌어 왔다.

이 사실은 중국어의 알타이어화가 어떻게 이뤄졌는지를 생각해보면 잘 알 수 있다.

하시모토와 오카다의 연구에 따르면 184년 '황건의 난' 때 옛 한인(원형 지나인)이 거의 멸종했기 때문에 알타이어화 현상이 발생했다. 즉 황건의 난 전까지는 옛 한인이 한왕조를 구축하고, 중국 대륙에 한어를 말하는 사람들이 남아 있었다. 그런데 황건의 난이 일어난 결과, 군웅할거의 삼국(위·촉·오)시대가 된다. 이때 세 나라를 합쳐도 한인 인구는 대략 500만 명 미만에 불과했다. 황건의 난이 주춤해진 뒤로는 오호십육국으로 변하면서 북방민족의 다섯 호胡가 들어온다. 오호(흉노·선비·갈·저·강)는 대부분 알타이계 민족의 언어를 쓰는 사람들이었다. 그 가운데 흉노어는 투르크어로, 몽골어의 조상어에 가까운 알타이계 언어였을 것이다. 그들이 들어와서 오호십육국이라는 새로운 나라를 여러 개 만들었기 때문에 소수가 된 500만 명 미만의 한인은 알타이계의 언어를 쓰는 사람들에게 지배·동화됐고, 한어의 알타이어화 현상이 생겨났다. 그 결과 어두 'n' 'l' 'r'을 구별해서 발음할 수 있는 사람이 늘어났다. 이것이 바로 현재 남방의 한어 안에서만 태국계의 잔재가 보이는 이유다.

다른 증거도 있다. 중국의 '강'의 명칭을 살펴보자. 하河라는 글자는 중국어로 '허hé'라고 발음한다. 이것은 원래 알타이계 말이다. 중국 북쪽 강에는 거의 '허'라는 이름이 붙어 있다. 황허黃河(우리가 흔히 말하는 황하) 등이 그렇다.(하시모토 만타로, 앞의 책 : 오카다 히데히로, 『동아시아 대륙의 민족』)

그런데 양쯔강을 지나면 남쪽은 모두 강江이 된다. 이것은 '지앙jiāng'이라고 발음한다. 어두의 'j'는 자음이며, 태국계 언어는 어두에 여러 자음이 온다. 지앙은 태국계 말이고, 지명으로 봐도 양쯔강 남쪽에는 태국계 언어의 영향이 남아 있음을 알 수 있다.

이렇게 분석하면 '한족'이란 옛날부터 계속 하나의 지역에 존속해 온 민족이라고는 도저히 말할 수 없다는 걸 알 수 있다. 황건의 난 이후 한인이 불과 500만 명 정도가 됐을 때, 사실상 한인이 멸종했다는 오카다의 지적도 틀린 주장은 아니다.

동아시아 대륙의 인적 이동

황허 문명을 쌓아 올린 사람들은 남쪽으로 쫓겨났다

시곗바늘을 중국 대륙에 최초로 성립한 왕조까지 되감아보자. 일반적으로는 하, 그리고 은, 주로 기억하고 있는데, 현재 언어학자와 고고학자의 연구를 통해 밝혀진 내용은 대략 다음과 같다.

최초로 국가가 생겨났던 곳은 황허 문명의 발상지로 여겨지는 중원이라는 지역이다. 중원에 태국계의 하인夏人이 있었다고 한다. 그곳에 기원전 13세기쯤 지금의 만주 동북쪽에서 수렵민인 은인殷人이 들어왔다. 그리고 서쪽에서 유목민인 주인周人이 침입해 왔다. 이들이 하·은·주라고 불리는 왕조다.

그리고 한자는 갑골문자에서 발전해 약 3,000년 전에 성립됐다고 여겨진다. 나중에 주왕조가 혼란기에 빠지면서 각 분봉지에서 사용하기 시작한 한자의 원칙도 흐트러졌다. 개인적인 경험이라 말하기 민망하지만, 나는 베이징대학에서 청나라의 마지막 과거 시험에 합격한 진사進士를 따라가서 주나라 때 청동기에 새겨진 글을 읽은 적이 있다.

그 늙은 진사에 따르면, 주나라 때 한자의 통합성이 사라져서 진秦에 의한 문자의 재통일이 필요했다고 한다. 그는 한문 고전 『사서四書』와 『오경伍經』은 물론이고, 역대 시문詩文도 모두 암기하고 있었다. 강의할 때 단 한 번도 종이를 이용하지 않았고, 완전히 자신의 기억에 의존했다. 요즘 말로 표현하면 그의 뇌는 한문의 데이터베이스가 된 것이다. 본인은 일절 논문이나 책을 쓰려고 하지 않고, 기억 속의 한문 고전 이외에는 읽을 가치가 없다고 공언했다. 그리고 1919년 이후에 성립한 언문일치의 중국어로 쓰인 글은 "문장이 아니"라고 말하며 강한 혐오감을 드러냈다.

여기서 주의해야 할 것은 '태국계 하인'의 뜻이 현재 태국 사람들이 오늘날 황허 유역으로 이주해 왔다는 의미가 아니다. 오히려 황허 유역에 살던 사람들이 만주에서 이주한 수렵민이나 서쪽에서 온 유목민에 밀려나 남쪽으로 이동한 결과, 현재 동남아시아에 사는 사람들의 조상이 됐다는 의미다.

현재 동아시아 대륙의 기본적인 구도는 다음과 같다. 중국이라는 나라 북쪽의 몽골 고원과 만주(동북), 그리고 동투르키스탄

| 사진 3 |
오르도스 서부, 닝
샤후이족寧夏回族 자
치구 동부에 있는
명나라 때 건설된
장성. 고대 지나인
은 인공적인 건조물
을 지어서 다른 민
족과의 경계를 열
심히 만들었다. 화
이질서華夷秩序(중국이
주도하는 국제관계)에
의해 단순히 사상적
인 면만이 아니라
물리적인 선긋기도
이뤄졌다. 장성을
건설할 때는 인근
숲이 벌목됐기 때문
에 환경파괴도 벌어
졌다.

에는 알타이계 말을 쓰는 사람들이 있다. 몽골인과 만주인, 그
리고 터키계 사람들이다. 이것은 중원을 중심이라고 생각하는
'한인'의 표기로 보면 이른바 북적이 된다. 서쪽에는 서융이지
만 지나 티베트계의 말을 쓰는 사람들이 있다. 남쪽의 남만에는
태국과 말레이시아계 사람들이 있다. 훨씬 동쪽의 동이에는 일
본도 있다. 중국인의 세계관은 지금도 기본적으로 변함이 없다.

그리고 여기에는 표의문자인 '한자'의 위력도 있다. 개사슴
록변의 적狄과 야만의 만蠻, 미개한 민족을 의미하는 이夷, 이
세계관이 한자라는 시스템에 의해 각인된 것이다.

옛날의 동이라고 하면 오늘날 산둥성山東省 근처를 말하고, 서
융은 간쑤성 근처를 가리켰다. 북적은 만리장성의 북쪽, 산시성
山西省 부근부터였다.(사진 3) 양쯔강 근처부터도 이미 '남만의 땅'
이었다. 다만 여기에 여러 사람들이 들어오는데, 그들이 원만하

게 '한인'이 되면서 인구도 증가했기 때문에 동이와 남만, 서융과 북적도 조금씩 멀리 쫓겨가는 형국이었다. 단 실제로 내몰리는 것은 남만뿐이었고, 북적과 서융은 거의 변하지 않았다.

그렇다면 왜 남만만 내몰려서 바뀌었을까. 이것은 지나의 역사에서 북방민족이 중원에 들어와서 정권을 수립할 때마다 남쪽으로 도망가는 패턴이 일반적이었기 때문이다. 남중국(후난성) 출신의 마오쩌둥毛澤東이 가난한 홍군을 이끌고 남쪽에서 북상해서 천하를 거머쥔 사례가 예외적이다. 그는 북벌에 성공했다. 장제스蔣介石나 쑨원孫文도 있다. 이 세 사람이 남방 출신이다. 그리고 한나라를 세운 유방도 남방 사람이다. 네 사람 이외에 지나의 왕조에서 남방 출신은 거의 찾아볼 수 없다. 송나라를 세운 조趙 씨 일족이 남쪽 출신이라고 알려져 있으나 최근 연구에 따르면 아무래도 미심쩍은 내용이며, 그들 역시 투르크계라는 설도 나오고 있다.

지나의 역사에서는 북방에서 침입을 받는 일이 자주 있었고, 중원 사람이 남쪽으로 도망가는 경우가 많았다. 그 결과 태국계의 사람들이 남쪽으로 쫓겨났다. 그러니 한인은 중원에서 완만하게 형성된 정복자라고 할 수도 있으나 실제로 한인이나 한민족이라는 개념은 자주 바뀌었다. 184년에는 겨우 500만 명밖에 남아 있지 않았던 옛 한인이 나중에 들어온 알타이계의 언어를 쓰는 사람과 피가 섞이고, 새로운 한인이 됐기 때문이다.

그 후 한인이 크게 증가한 것은 589년 수가 통일한 이후의 일이다. 수를 만든 양^楊 씨 일족은 선비계였기 때문에 선비계 (유목·기마민족) 사람들이 중국을 통일했다. 수의 통치는 단기간에 끝나고 이어 당이 수립된다. 제4장에서 자세히 다루는 것처럼 당 또한 선비계의 국가였다. 그 결과 지나는 통일됐으나 지배자 혹은 주요 구성원은 전부 선비계의 알타이계 언어를 사용하는 사람으로 이루어졌다. 몽골어인지 투르크어인지는 여러 가지 설이 있지만, 모두 알타이계다. 수나라 땅에 새로운 한인이 생긴 것이고, 한어의 알타이어화가 더욱 더 진행됐다.

육지에 머무르게 된 민족

지각 변동으로 바다에 있어야 할 물고기가 육봉^{陸封}(산란기에 강으로 거슬러 올라오는 습성이 있는 물고기가 어떤 이유로 바다로 돌아가지 못하고 담수에 머물러 살게 되는 현상)하는 일이 있는데, 그것이 민족에게도 일어날 수 있다. 예를 들면 지금 중국의 남쪽인 윈난성^{雲南省}과 구이저우성^{貴州省}에 둥족^{同族}이라는 작은 민족이 그렇다. 이 둥족은 문화인류학적으로 참 독특한 민족이다. 왜냐하면 둥어는 폴리네시아계 언어고 그들은 수렵 민족이었기 때문에 '불'과 '활'과 같은, 기본 중의 기본 어휘의 발음이 하와이와 남태평양의 폴리네시아계 발음과 거의 같다. 이는 먼 옛날 중국 대륙의 남동쪽에는 태국계뿐만 아니라 폴리네시아계 사람들도 있었다는 이야기가 된다. 북쪽에서 침입해 오자 그들 대

부분이 남태평양과 대만으로 이동했고, 일부 사람들이 대륙에 남았다고 한다.(사진 4)

인류의 이동을 말해주는 방증은 대만에도 있다. 대만 원주민도 대부분 폴리네시아계 언어를 모국어로 하고 있으며, 대만의 신석기시대 유적에서는 대부분 남태평양 섬의 문화와 공통된 유물이 출토되는 점으로도 증명할 수 있다.(사진 5, 6)

또한 대만에는 핑푸족平埔族이라는 원주민이 있다. 그들은 청나라 때 대만으로 이주해 온 한인에게 동화돼서 지금은 원주민으로서의 문화적인 특성은 거의 지니지 않았다. 언어도 한어다. 그러나 리덩후이李登輝가 대만 총통이 되고 민주화를 맞이하자 갑자기 자신들은 한인이 아닌 핑푸족, 원주민이라고 주장했다. 그렇게 주장해야 원주민으로서의 권리가 보장돼서 경제적

인 혜택을 얻을 수 있기 때문이다. 역설적으로 말하면 '한인'이란 이처럼 한인이 되거나 한인이 되지 않는 것 모두 자유자재인 개념이라고 할 수 있다.

'한족' 개념 창조와 상상

그렇다면 오늘날 근대 이후의 역대 중국 정부가 주장하고 있는 '한족'은 어떤 개념일까.

그들은 청일 전쟁에서 패배한 직후인 1895년부터 자신들은 '황제黃帝'(지나 고대의 전설상의 제왕)의 자손이라고 말했다. 일종의 민족주의 차원의 발언이었는데, 동이인 일본에 추월당한 충격을 바탕으로 "야만인에게 져서야 되겠느냐"는 이유를 들어서 갑작스럽게 나온 주장이었다.

상당한 시일이 흘러 20세기 중반 정도가 되고 나서는, 전설상의 제왕인 '염제炎帝'까지 더해져 '염황의 자손인 한족'을 주장하기 시작했다.

그런데 왜 염제가 황제보다 나중이었을까.

내가 1980년대에 중국 교과서로 역사를 배우고 있었을 무렵에 염제는 나쁜 왕으로 평가받고 있었다. 황제와 대립하다가 패배하고 남쪽으로 도망가서 그곳에서 소수민족의 조상이 됐으므로 한인과는 직접적인 관계가 없다. 그런데 남쪽의 소수민족도 '중화민족'에 포함하고 '중화 문명의 다양성'을 강조하려는 중국 공산당 정부의 의도 때문에 갑작스럽게 '염제'를 중화민족, 나아가 '한족'의 뿌리 중 하나로 영입한 것이다.

마르크스의 발전단계설 이식

가설에 문물을 끼워 맞춘 역사 날조

많은 중국인, 그리고 중국사를 배운 동아시아 사람들은 여전히 한인은 4,000년 전부터 중원에 살았고, 그곳에서 훌륭한 황허 문명과 양쯔강 문명을 만들었으며, 마침내 그들이 북쪽으로, 서쪽으로, 동쪽으로, 남쪽으로 '야만인을 쫓아내면서 세력을 확대'하고 주변 민족에 문명을 전했다고 여긴다.

그러나 지금까지 살펴본 것처럼 실제로는 그렇지 않다. 북방 유목민족이 들어와 중원에서 완만하게 하나의 혼합민족이 되고 나서 중화 문명이 꽃피웠다는 내용은 어느 정도 사실이지만, 중원의 한인들이 사방으로 확산해 나가면서 중화 문명을 널리 퍼뜨렸다는 이야기는 사실이 아니다. 이는 앞서 소개했고, 또 제2장에서도 다룰 베이징대학의 고고학자 쑤빙치蘇秉琦 교수가 『중국 문명의 기원』에서 지적하는 내용이기도 하다.

그는 1909년에 태어나 1997년에 사망했다. 전쟁 전 중화민국의 자유로운 교육을 받았고, 전쟁 후 중국 공산당의 통치 아래에서 가혹한 사상 통제의 피해를 입었다. 그렇기 때문에 더욱 학문적으로 날카롭게 분석하고 있다.

그는 같은 책에서 '우리 역사 교육에는 두 가지 속박이 있다. 하나는 중화대통일의 개념이다. 중국은 크고 하나라는 개념이며, 또 다른 하나는 마르크스주의 발전단계설이다'라고 단적으로 잘라 말한다.

그리고 '하·상(은)·주·진·한을 하나의 계승 국가라고 말하기는 어렵다. 모두들 이 왕조의 이름을 순서대로 암기하고 있지만, 그런 꼬치구이 같은 형태의 왕조 계승 역사는 성립하지 않았으니 이제라도 그만둬야 한다'라고 말한다. 또한 한인의 문화가 발전하면서 주변 민족을 동화시켰다는 주장도 거짓이라고 말한다. 한인이 일방적으로 주변 민족을 동화한 것이 아니라 주변의 여러 민족 역시 한인을 동화한 면도 있기 때문에, 서로가 혼합돼서 만들어진 게 '중국 문명' 혹은 '중화 문명'이라고 설명한다.

또 그는 원시 공산제에서 고대 노예제를 거쳐 봉건 사회에 들어가고, 자본주의 사회를 거쳐 최종적으로 공산주의 사회에 도달한다는 견해를 마르크스의 발전단계설이라고 설명한다.

그러면서 마르크스의 이론라고 해도 결국 유럽의 역사를 논하는 가설일 뿐인데, 중국이 그것을 인류의 보편적인 진리처럼 숭배하는 게 이상하다고 지적한다.

게다가 1950년대에 중국 공산당이 '국가 역사박물관'을 만들었을 당시, 그를 비롯한 베이징대학의 고고학부 및 역사학부 교수가 동원돼서 마르크스의 발전단계론을 중국 역대 왕조에 억지로 끼워 맞추는 작업을 맡은 적도 있다고 밝혔다. 예를 들어 어떤 청동기가 출토되면, 이것은 노예 사회의 유물이니 주나라의 것이라든가, 다른 유물은 봉건 사회의 유물이니까 한나라의 것이다…… 이런 식이었다고 한다. 그는 과거의 역사 조작에 관한 고민도 책에 적어두었다.

그게 다가 아니다. 애초에 중원이란 여러 민족이 들어온 곳이지 한인만의 보금자리는 결코 아니었다고 하면서, 중국 문명이 이곳에서 번성하고 한인이 주변으로 확산해서 중국 문명을 전파한 게 아니라고도 말한다. 쑤 교수의 말에 따르면 황허 문명은 계승되지 않았기 때문이다. 황허 문명의 가장 전형적인 예는 양사오仰韶문화(중국 황허 중류 전역에 존재했던 신석기시대의 문화)인데, 이것은 산시성陝西省부터 산시성山西省에 걸쳐 존재했던 8,000년 전부터 6,000년 전까지의 문화다. 2,000년 동안 이어지다가 6,000년 전 갑자기 사라져서 계승되지 않았다. 산시성陝西省부터 산시성山西省에 걸쳐 존재했으므로 아마 자연스럽게 주나라에 이어진 게 아닐까 추측할 수 있지만, 확실한 증거는 없다. 앞서 언급한 것처럼 주나라는 서쪽에서 왔고, 양사오 문화도 중국의 서쪽에 있기 때문에 주나라와 관계가 있을지도 모른다는 수준이고 확증은 없다. 따라서 누가 계승했는지 명확하지 않은 양사오문화를 한인 조상의 문화라고는 도저히 말할 수 없다고 지적한다.

이어서 그는 메소포타미아 문명과 이집트 문명은 정확하게 5,000년으로 연대를 묶을 수 있다. 그러나 중화 문명은 그렇게 묶을 수 없다. '5,000년의 중화 문명'이라니 어불성설이고, 기껏해야 4,000년이라고 논의되는 수준이라고 지적한다.

애초에 '5,000년 중화 문명'이라고 할 때, 증거가 어디에 있느냐고 물으면 쑤 교수는 '그것은 황허 문명도 아니고, 양쯔강 문명도 아니고, 훙산紅山 문명이다'라고 말한다. 훙산 문명은 일본인 고고학자 하마다 고사쿠濱田耕作와 미즈노 세이치水野清一가

제2차 세계대전 이전에 발견한 내몽골 지역의 홍산 후⁽®⁾ 유적에서 유래했다.(사진 7)

1970년대 이후 중국에서도 발굴이 진행됐고, 홍산 후 유적이 6,000년 전 신석기시대에서 청동기시대로 이어지는 유적이라 판명됐다. 신석기를 기본으로 청동기도 출토되는데, 청동기가 만들어진 시기는 중국의 은과 주일 때이므로 청동기시대부터 은·주 문명으로 이어진다고 추측한다.

다만 중국 공산당과 중국의 애국적이고 편협한 민족주의자들을 머리 아프게 하는 문제의 씨앗은 '홍산 문명이 만리장성의 북쪽 내몽골의 동부 초원에 있다'는 요소다. 그러니 홍산 문명이 전통적인 황허 문명, 중화 문명이 아니라는 데 문제가 있다. 쑤 교수는 황허 문명을 통해 중국의 역사를 말하기엔 무리가 따르지만 중국의 문명이 5,000년이 되었다고 말하고 싶다면 초원 지대의 홍산 문명을 넣지 않으면 안 된다고 한다. 홍산 문명은 초원 지대에 있기 때문에 당연히 북쪽 초원을 통해 유라시아와도 일체화한다. 따라서 중화 문명도 유라시아의 일부로 여긴다면 '5,000년의 역사'라고 말할 수 있지만, 그렇지 않는다면 4,000년이라고 단언한다.

빈곤한 황허 문명이 가져다준 전제주의

그렇지만 쑤 교수는 왜 중원에 다양한 민족과 사람이 들어왔는지는 설명하지 않았다. 일반적으로 중원은 비옥한 대지이기 때문에 사람들이 모여 문화와 문명이 번성했다는 식으로 알려진 바 있다. 하지만 하시모토와 오카다는 중원은 생산성이 낮은 곳이라고 지적한다. 확실히 그렇다. 황허는 2년에 한 번꼴로 범람한다. 결국 '황허 문명'은 치수문화일 뿐이다. 오늘날의 표현으로 말하자면 '인프라 정비문화'에 불과하다.

　국가가, 역대 왕조가 황허의 범람을 억제하는 일에 막대한 공사비를 투입하고, 인력을 동원해서 그곳에서 치수 공사를 시키고 먹고 살 수 있게 했던 통치 시스템이다.(사진 8) 황허 문명은 그 반복의 역사에 불과하다. 그래서 카를 비트포겔Karl August Wittfogel이라는 학자는 일찍이 『동양적 전제주의』에서 중국은 '수력水力적 전제국가'라고 주장한 바 있다. 수력적 전제국가는 근대화로 탈바꿈할 수 없고, 혁명이 일어나더라도 결국은 새로운 전제주의 체제가 될 뿐이다. 지금의 중국은 바로 수력적 전제국가의 연장선상에 있다.

　황허 문명이라고 말은 하지만 결국은 황토로 된 고원이기 때문에 비가 많이 내리지 않고 물이 충

| 사진 8 |
황허의 범람을 막기 위해 세운 뿔이 하나 달린 진하수鎮河獸. 닝샤후이족 자치구에 흐르는 황허 근처에 세웠다.

분하지 않다. 그래서 농사를 지어도 수확량은 미미하다. 그러니 황허 문명 안에서는 부를 축적할 수 없었다. 역시 문명은 부의 축적·누적이 없으면 풍요로워질 수 없다. 결국 황허 문명은 부의 축적 대신 오로지 인력을 동원해서 치수 공사, 인프라 정비만 했던 문명에 지나지 않았다고 나는 생각한다.

그렇게 되면 지배 체제는 필연적으로 전제주의가 된다. 많은 사람에게 억지로 일을 시켜야 하니 전제주의가 아니면 통치할 수 없기 때문이다. 황허 문명에서 태어난 것은 결국 전제주의 체제로, 오늘날까지 이어지는 중국의 전제주의는 황허 문명의 특징을 표현했다고 할 수 있다. 만약 부가 어느 정도 축적됐다면 이것은 당연히 기술 혁명과 사상 혁명으로 이어졌을 가능성이 있지만, 중국은 그것을 실현하지 못했다.

이집트 문명도 나일강의 범람이 있었지만 번성했고, 범람 때문에 토지가 비옥해졌다는 시각도 있을지 모르겠다. 그곳은 나일강을 따라 광대한 경작지가 있었기에 괜찮았다. 하지만 피라미드도 일종의 인프라 정비 공사의 결과라는 설도 있고, 당시의 주민이 풍요로웠는지 여부에 대해서도 의문이 남는다.

중국은 현재 양쯔강을 중심으로 남쪽이 풍요로웠다. 몬순(계절풍)의 영향 아래 있기 때문이었다. 장마가 있다. 그래서 벼농사가 가능했고, 농업 사회가 성립되면서 부의 축적도 가능했다. 이렇게 생각하니 주변 민족이 들어오는 매력적인 장소는 중원이 아니라 더 남쪽이라는 이야기가 성립한다. 알타이계의

언어를 쓰는 민족이나 티베트계 민족이 중원을 목표로 한 것
은 중원에 살고 싶었던 게 아니라, 중원을 통해서 더 남쪽으로
가려 했던 것이다. 중원은 어디까지나 통과 지점에 지나지 않
았다. 하지만 중원에 들어가서 정착하는 사람도 있었다. 그리
고 일정한 수가 정착하면서 자연스레 하나의 집단이 됐다.

뒤집어서 본 사관

내가 고등학교를 다닐 때 「칙륵가」敕勒歌라는 한시를 처음 읽고,
매우 놀란 적이 있다.

　칙륵가

　칙륵의 강 음산의 아래敕勒川 陰山下
　하늘은 둥근 천장 같아 사방을 덮는다天似穹廬 籠蓋四野
　하늘은 푸르디 푸르고 들판은 아득하고 아득한데天蒼蒼 野茫茫
　바람 불어 풀이 누우니 소와 양이 보인다風吹草低 見牛羊

　한어로 써 있었으나 이 네 줄 시는 어떻게 봐도 우리 몽골인
의 시라고 직감했다. 하늘이 푸르고, 들판이 넓고, 바람이 불어
풀이 나부끼면 소와 양이 보이는…… 나의 집이 있는 오르도
스 고원에서 보는 풍경 그대로였다.

사실은 칙륵은 돌궐, 즉 투르크를 가리킨다. 그중에서도 특히 몽골 고원에서 오늘날의 산시성^{山西省} 부근으로 이주했던 투르크계 북방 유목민을 말한다. 실제로 한어로 투르크를 칙륵이라고 표현했다.

「칙륵가」는 오호십육국의 북제와 서위의 사이에서 전쟁이 발발했을 때, 북제의 신무제^{神武帝}가 칙륵부의 곡률금^{斛律金}이라는 장수를 선두에 세우고 '병사들의 사기'를 북돋울 때 부른 시조로 알려져 있다.

곡률금은 자^字를 아육돈^{阿六敦}이라 했는데, 아육돈은 아루툰, 즉 '황금'이라는 의미다. 투르크와 몽골 등 유목민은 그 내부의 지배 집단을 흔히 '황금 씨족'이라고 부른다. 투르크의 아루툰도 나중에 등장하는 만주인 애신각라^{愛新覺羅}도 모두 황금 씨족이다.

북제와 서위가 세력을 다투던 때에 투르크어로 부른 내용이 한어로 남은 것이 바로 이 시였다고 한다. 「칙륵가」에 대해서 다룬 오가와 다마키^{小川環樹} 교토대학 교수의 훌륭한 논문이 있다. 오가와에 따르면 「칙륵가」는 각 구의 음절이 3·3으로 압운하고 4·4로 다시 운을 맞춘다. 한어로 번역한 것은 7구이나 원문은 4행시였을 것이다. 또 그는 「칙륵가」와 음절이 같은 투르크어 시를 1073년에 쓰인 『터키어 사전』 속에서 찾아내기도 했다.(오가와 다마키, 「칙륵가 ─ 그 원어와 문학적 의의」)

키지루강(빨간색)의 노란 (꽃이) 차례로 나타나고

제비꽃이 녹색으로 머리를 들고

서로 휘감아 (뒤범벅이 되고)

사람은 그것에 놀란다

이처럼 우리가 무심코 읽는 한시에도 시대에 따라 알타이계 유목민의 민요가 그대로 반영된 작품이 꽤 있는데, 대표적인 시가 「칙륵가」다.

여러 가지 문법 체계에 따라 말하고 있는 사람들은 예를 들어 광둥어나 상하이어, 베이징어처럼 다른 문법으로 이야기하는, 말이 통하지 않아도 한자를 보면 의사소통이 가능하다. 그렇기 때문에 한자를 여러 민족 공통의 의사 전달 도구로 사용해 왔다. 한반도와 베트남과 일본도 한자를 도입해서 한자문화권의 일원이 됐지만, 그것은 어디까지나 의사소통을 위한 도구와 기호에 불과했다.

옛날 중국 대륙의 한자 사용법은 오늘날 일본이나 베트남, 한국에서 사용하는 방법과 거의 비슷했다. 어디까지나 의사소통 도구이며, 모두가 한어로 말한 것은 아니다. 오히려 여러 '외국어'로 말했다. 무리하게 하나의 '중국어'로 만든 것은 20세기에 들어서였다.

이렇게 생각하면 전혀 다른 지평이 열린다. 역사에서 '중심과 주변'이 있을 리 없다. 중심과 주변이라고 하는 것은 어떤 시대의 어떤 왕조의 견해에 불과하다. '중화사상'에 기반한 생각처럼 만리장성의 외부라고 미개한 땅은 아니었다. 관점을 유라시아 대륙으로 넓히면, 황허 문명보다 1,000년이나 일찍 청동기 문명이 시작된 초원의 훙산 문명이 있었고, 훙산 문명을 만든 사람들이 황허로 이주해서 들어왔다. 그 이후에도 초원에는 풍부한 문명이 생겨나서 대륙과 서로 영향을 미치면서 역사를 엮어왔다.

다음 장부터는 초원에 초점을 맞춰서 대륙을 살펴보겠다.

시베리아 야금 문명권

황허

은

양쯔강

기원전 10세기경

문명의 유목 사관

앞에서도 잠시 지적했듯이, 일본이라는 나라는 중국에 대한 콤플렉스에 시달리고 있다. 어떤 의미에서 일본의 대^對중국 콤플렉스는 어쩔 수 없는 일인지도 모른다. 지도를 보면 일본 열도의 서쪽에 거대한 국가가 있는 게 사실이다. 역사적으로 봐도 일본은 지나에서 다양한 문화와 기술을 수입해 왔다는, 반은 세뇌 같은 생각에 사로잡혀 있다. 그것이 현대 일본인의 철학적 사고와 행동까지 크게 영향을 미치고 있다.

'초원 문명'과 '유목 문명'

그러나 나처럼 오르도스 고원에서 태어나 자란 사람은 중국에

위압감을 느낄 일이 없고, 두려워할 일 역시 없다. 몽골과 지나의 관계는 일본과 지나의 관계와 전혀 다르기 때문이다. 과거 수세기에 걸쳐 넓은 유라시아에서 끊임없이 이동해 온 몽골 사람이 볼 때 중국은 유라시아의 동쪽 끝에 고정된 존재에 불과하다. 동아시아에서 과거에 번영했다가 망한 문명 또한 전세계에 있는 수많은 문명의 하나에 불과하다고 이해한다. 지정학·지리학적으로 봐도 지나는 유목하는 몽골 고원에서 내려가는 평지에 있는 농경지일 뿐이다. 몽골에게 지나는 거대하지도, 강력하지도 않다.(지도 1)

| 지도 1 |
몽골 고원에서 본 동아시아.
출처: 고나가야 유키小\
長谷有紀·양하이잉 엮음,\
『초원의 유목 문명』.

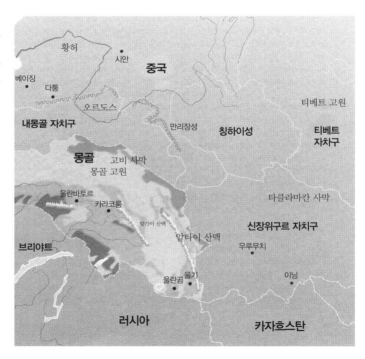

'오랑캐'-주변국 지식인이 쓴 反중국역사

몽골인에게는 유라시아의 관점이 있다. 만약 일본인이 유라
시아 문명의 관점을 갖게 되면, 유라시아 혹은 세계와 중국을
상대화할 수 있고 대중국 콤플렉스에서도 해방될 것이다.

앞서 몇 번이고 언급한 것처럼 나는 오르도스 고원에서 태
어나 자랐다. 황허는 서쪽에서 동쪽으로 흐르다가 중류에서 크
게 북쪽으로 휘어지는데, 오르도스는 그 남쪽에 있다. 오르도
스 고원은 황허와 만리장성으로 둘러싸여 있다.

오르도스 고원에는 몇 개의 행정구가 있다. 그중 내 고향은
이커자오맹盟 우선기旗다. 맹도 기도 청나라 때 만든 행정 구분
인데, 그중에서도 우선기는 인류의 역사를 아는 데 중요한 홍
적세洪積世 후기 유적이 발견된 장소로 주목받았다.(사진 1)

그 유적을 샤라오소골 유적이라고 한다. 샤라오소골이란 노

란색 물의 강을 의미한다. 실제로 샤라오소골은 황허의 지류다. 몽골로이드(황색 인종)의 직접적인 조상으로 간주되는 호모 사피엔스의 흔적이 발견되는 곳이기도 하다. 그 새로운 인간은 '오르도스인'이라고 불리고 있다.(가이즈카 시게키貝塚茂樹·이토 미치하루伊藤道治,『고대 중국』) 유적은 1922년 프랑스 출신 가톨릭교회의 신부이자 고고학자 피에르 테야르드 샤르댕Pierre Teilhard de Chardin 과 에밀 리상Emile Licent 등이 발견하면서 세계적으로 알려졌다. 신부들은 맨 처음에는 몽골인이자 현지 목축민인 완추크에게서 화석류를 받았지만, 시간이 흐르면서 직접 발굴을 시도했다. 샤라오소골의 주인공들은 처음부터 세계 학계에서 '오르도스인'이라고 불려왔으나 중국 민족주의자들은 몽골어로 된 지명 사용을 꺼려해서 '하투인河套人'이라고 표현한다. 하투는 오르도스 북부의 황허 연안 지대로, 샤라오소골과 아무런 관계가 없다. 중국인의 편협한 민족주의적인 주장에 관한 비판은 최근 일본에서도 터져 나오고 있다.(양하이잉, 「'하투인'에서 '오르도스인'으로－지역에서 인류사 다시 쓰기 운동」)

프랑스인 신부들을 안내했던 완추크는 현지에서 유명인이 됐다. 참고로 샤라오소골 유적은 내가 다니던 초등학교 바로 뒤쪽에 있다. 초등학생 때 나와 친구들이 주웠던 하얗게 빛나는 작은 돌은 맘모스 등 고대 생물의 화석이었다는 게 나중에 밝혀졌다. 우리는 자안패子安貝 껍질도 모으고 있었다. 자안패는 오키나와 근해 또는 인도양 근해에 서식하는 것으로 알려져 있다. 그것이 오르도스 고원 우신기의 사막에서 발견된 것은 아주 먼 옛날부터 인류의 교역을 통해 반입됐기 때문이다. 몽골인은 이 바다의 산물을 부적처럼 아이 옷에 단추나 장식으로 붙였다. 해양에서 온 물건의 독특한 모양에 주술적인 생명력이 함축됐다는 믿음 때문일 것이다.

베이징대학을 졸업하고 일본에서 유학하면서 학문적으로 눈을 뜬 뒤, 과거를 회상하던 나는 고향의 고대 문명이 세계 역사 속에서 어떻게 자리 잡았는지 궁금해졌다. 일상생활을 하면서도 우리 문명권의 옛 풍경이 어땠을지 자꾸 의식하게 됐다. 몽골인인 내 관심사는 현대 중국이 새롭게 내세우는 문명관과 역사관으로도 향하고 있다.

중국은 근래 '중화 문명은 3개의 문명에서부터 이뤄졌다'며 이전에 주장하던 내용을 바꾸었다. 세 문명은 '황허 문명'과 '양쯔강 문명', 그리고 '초원 문명'이다. 황허 문명과 양쯔강 문명에 추가로 초원 문명의 존재를 강력하게 어필한 것은 앞서 소개한 베이징대학의 고고학자 쑤 교수로, 이제는 그것이 중국 내 '정설'이 됐다.(양하이잉, 「중국이 이야기하기 시작한 유목 문명」)

그들은 왜 황허 문명과 양쯔강 문명에 초원 문명을 추가한 것일까. 그것은 황허 문명도 양쯔강 문명도 단절된 문명이기 때문이다. 이 두 문명은 현대 중국으로 직접적으로는 계승되지 않았다. 반면 그들이 초원 문명이라고 부르는 문명은 오늘날 중국에까지 면면히 이어져 왔음은 이미 앞장에서 설명했다.

오르도스에서 한참 동쪽에 있는 우란하다에는 일본인 고고학자이자 교토대학 명예교수인 미즈노와 하마다 등이 발견한 신석기 유적이 있다. 이곳에서는 신석기 문명부터 문자를 사용하는 문명까지 이어지는 연속성을 확인할 수 있다.

우란하다는 몽골어로 '붉은 산악'이라는 뜻인데, 그것을 중국어로 바꾸면 츠펑赤峰이다. 중요한 것은 우란하다를 중국에서 보면 만리장성의 북쪽에 있다는 사실이다. 춘추전국시대의 지나가 '야만인의 땅'으로 간주하면서 스스로 그은 선 밖에 있는 세계다. 황허 문명권도 양쯔강 문명권도 아니다. 그런데도 그 유목민 땅의 유적으로는 신석기시대부터 문자로 남은 기록까지 끊임없이 더듬어갈 수 있다.

이처럼 초원 문명은 일찍이 지나인이 '지나가 아니'라고 규정한 바깥 지역에서 번성했던 문명이다. 중국은 오랫동안 초원 문명을 자국의 초석이라고 인정하지 않았다. 당연하게도 중국에는 지나 기원의 긴 문명의 역사가 있다고 주장하려는 생각이 강하다. 그렇지만 황허 문명과 양쯔강 문명의 존재를 현대 중국과 연결시키는 주장의 근거는 아직 미약하다.

앞서 언급한 쑤 교수가 초원 문명도 중국 역사의 원점임을 인정해야 한다고 강조한 것은 이런 이유 때문이다. 결국 중국도 우란하다 유적과 샤라오소골 유적에서 볼 수 있는 초원 문명은 중화(중국) 문명의 하나이며, 현대 중국은 그 초원 문명의 계승자라고 주장하는 길을 선택할 수밖에 없다. 그 배경에는

몽골인도 중화민족이라고 왜곡을 강요하는 '하나의 중국'적인
중국 공산당 정부의 정치적인 의도가 있다.

　오르도스에서 태어나 자란 나 같은 몽골인은 초원 문명이
'중국 기원의 문명'이라든지, '중화 문명의 일부'라고 오해하는
일은 없다. 몽골 등 유목민의 선조가 쌓아 올린 문명을 자랑스
러워하는 일은 있어도, 중국의 일부라는 인식은 없다. 오히려
중국을 서쪽의 대국으로 믿는 일본인들에게는 역사적 감각이
결여됐다는 생각이 든다.

　초원 문명이라고 불리는 것은(사진 2) 정확하게는 우리가 잘
알고 있는 유목 문명을 말한다. 유라시아 각지에 사는 유목민
의 역사문화를 연구한 국립 민족학박물관 명예교수 마쓰바라
는 「유목의 메시지」에서 유목 문명을 다음과 같이 정의하고
있다.

'유목은 하나의 문명이다. 유목에는 개별적인 문화를 뛰어넘어 참가할 수 있는 장치와 체계가 갖추어져 있다. 이 문명의 장치와 체계를 수용하기만 하면, 유목민으로서의 생활이 성립한다.

유목의 문명적 특징은 간소함이다. 간소함은 모든 생활 체계를 통해 확인할 수 있다. 유목 생활은 간소 그 자체. 유목 세계에는 사상을 포함해서 모든 게 투명하다. …… 유목의 토대는 이동성이다.'

중국인에게는 초원 문명이라는 호칭은 '초원'이라는 땅을 '근거지'로 해서 태어났다는 이미지를 증폭시키기 쉬우니 황허 문명, 양쯔강 문명과 더불어 사용하기에 알맞다는 생각이 있을지도 모른다. '황허'와 '양쯔강' 그리고 '초원'이라는 '장소'를 나타내는 것으로 '웅대한 중국'의 이미지를 만든다. 그러나 초원 문명이라고 불리는 것은, 말할 것도 없이 지나인이 아니라 유라시아 구석구석을 계속 이동해 온 유목민이 만들어 낸 것이다. 문명은 본래 창조한 민족이나 인종의 이름으로 불려야 한다. 일본에서도 나를 포함한 연구자 대부분이 그것을 '유목 문명'이라고 부르고 있음을 「유목의 메시지」에서 확인할 수 있다. 초원 문명이라는 말은 우리 몽골인에게는 그야말로 사멸한 문명처럼 들린다. 애초에 지나인은 역사적으로 계속 유목민을 적대시하면서 문명과 국민의 수준이 낮다고 차별해 왔다. 그들에게는 이런 정치적인 행위를 제대로 학문적으로 반성한 뒤에 유목 문명을 평가하는 게 필요하다. 그 점은 앞서 언급한 쑤 교수도 자성적으로 지적하고 있다.

중국과 지나는 어떻게 다를까

지금까지 나는 '지나'와 '중국'이라는 호칭을 둘 다 사용했다. 그런데 실제로 몽골인 등 초원 사람들은 오래전부터 중국보다는 지나라는 명칭을 주로 사용해 왔다. 역사학자 오카다는 지나라는 표현에 관해 다음과 같이 지적하고 있다.(오카다 히데히로,『오카다 히데히로 저작집 IV 지나(차이나)란 무엇인가』)

'원래 영어 차이나China에 대응하는 일본어는 지나支那(일본어 발음으로는 시나)였다. 그런데 제2차 세계대전 이후 일본을 점령한 연합군 총사령부GHQ의 명령과 일본인의 과도한 자기 규제를 통해 모두 '중국'으로 바꿔버렸기 때문에, 그 이후 거짓이 확대됐고 오늘에 이르렀다.'

오카다에 따르면, 1911년에 만주인의 청나라가 붕괴되고 이듬해 중화민국이 탄생하기까지 동아시아에 있던 역대 왕조의 일부를 유럽 사람들은 '차이나'라고 인식했으며, 치환된 단어가 '지나'였다. 전후 일본은 미국 점령군의 압력 때문에 지나는 차별적인 용어라며 과도하게 자제하면서 잘못된 견해가 정착했다.

오카다의 지적은 우리 몽골인의 인식과 일치한다. 몽골인이 이해한 바로는 '중국'은 1911년 신해혁명으로 세워진 중화민국 이후의 근대 중국이다. 현재 중국인들이 말하는 '중국' 또한 '1912년 이후의 중국'에 불과하다. 그 이전과 현대 중국이라고 불리는 지역을 '중국'이라고 부르는 것은 역사의 실태에 맞지 않는, 조금 난폭한 사고가 아닐까 한다. 긴 역사를 되돌아볼 때, 그 지역에서 일어난 일을 다 '중국에서 일어난 일'이라고 받아들이는 건 당연히 자연스럽지 않다. 이 점은 앞서 나온 이야기처럼 오카다의 견해와 몽골인의 견해가 일치하는 부분이다.(양하이잉, 「스텝 사관과 일치하는 오카다 사학」)

지나는 차별적인 표현이라고 생각하는 사람도 있는 모양이지만, 이것은 고대왕조 진秦에서 유래된 말일 뿐이다. 고대 인도에서는 중국을 '치나'라고 불렀다. 지금도 아랍 지역에서는 중국을 '친Chin'이라고 부른다. 친의 마지막에 'a'가 붙은 것이 치나(지나)이며, 근대 중국이 세워지기 이전의 문명권을 가리키는 데 이렇게 잘 어울리는 단어도 없다.

이 책에서는 고대의 한인, 즉 지나인이 주역으로 활동하던 장소만 '지나'라고 부른다. 현재 한인 이외의 여러 민족 사람들은 '중국인'이나 '화인華人'이 아니라는 입장을 취하고 있다.

'중국'은 어디까지나 1912년 이후에 세워진 국가만을 가리킨다.

유라시아 대륙이라는 세계

오늘날 중국 북부를 내포하는 유라시아 초원은, 동쪽으로는 만주 평야에서 서쪽으로는 헝가리 초원까지 이어져서 동서의 거리가 약 7,500킬로미터에 이른다. 따라서 유라시아 초원을 연구하는 이들은 광대한 초원 지대를 몇 개로 나누어 생각하는 사례가 많다. 학문적인 분할법은 보통 세 가지다.

일본의 고고학자와 동양사학자 대부분은 유라시아 초원을 '세로'로 나누어 생각한다. 경계는 카자흐스탄과 키르기스스탄, 그리고 오늘날 중국 서부의 국경 지대에 위치한 파미르 고원, 톈산天山 산맥과 알타이 산맥, 사얀 산맥을 잇는 선이다. 대체로 이 선의 서쪽을 서투르키스탄, 동쪽을 동투르키스탄이라고 표현한다. 일본에는 동투르키스탄을 연구하는 사람은 많지만, 이슬람 문명권에 속하는 서투르키스탄을 연구하는 사람은 상대적으로 적은 듯하다. 근대에 들어갈 때까지 이슬람 문명을 접할 기회가 적었던 것이 영향을 미쳤다고 볼 수 있다.

몽골이나 러시아, 중국에서는 유라시아 초원을 '가로'로 나눠서 생각하는 경우가 많다. 가장 남쪽에 놓인 것은 고대 지나인이 그어놓은 정치적인 라인, 만리장성이다. 북극권에서 만리장성까지와 만리장성에서 서쪽 히말라야 산맥, 심지어는 이란 고원까지, 끝으로 흑해 남쪽을 연결하는 가로 선으로 분할해서 생각한다.

러시아의 유라시아 주의자들은 유라시아를 '남북'으로 나누

| 사진 3 |

시베리아 남부 러시아연방 투바공화국의 바위 그림(암화)은 고대 청동기시대의 유목민이 남긴 문명의 흔적이다. 이런 종류의 암화는 내몽골초원과 신장 위구르 자치구 알타이산과 텐산, 서쪽의 카자흐스탄에서까지 발견됐다.

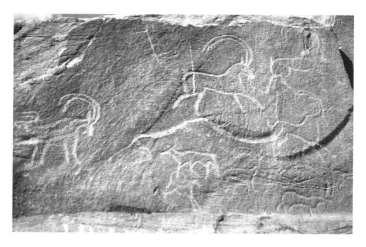

려고 한다. 그중 하나가 1925년에 망명지 불가리아에서 『칭기즈칸의 유산』을 쓴 니콜라이 세르게예비치 트루베츠코이Nikolai Sergeevich Trubetskoi다. 그의 '유라시아주의'는 하마 유키코浜由紀子의 훌륭한 저작 『유라시아주의란 무엇인가』에 상세히 나와 있다. 트루베츠코이는 유라시아를 말의 연원(유로Euro+아시아Asia)이 된 유럽과 아시아로 양분하는 게 아니라, 남북으로 구분해서 인식해야 한다고 주장했다. 그리고 유라시아의 역사를 대표하는 역사적 인물로 칭기즈칸을 예로 들었다. 또한 중화 문명뿐만 아니라 유럽과 러시아 문명 역시 유목문화의 영향을 받았다고 주장하고 있다.(사진 3)

　트루베츠코이 등의 유라시아 초원을 가로로 분리하는 문명관은 기후와 식생에 따라 나눈 주장이기도 하다. 북쪽으로는 영구 동토층을 가진 툰드라 지대이며, 남쪽으로는 침엽수림 타

이가가 있다. 더 남쪽으로 가면 초원 스텝이 있고, 남쪽은 사막이나 산악 지대다. 서남쪽에는 톈산이 솟아 있고, 동남쪽에는 고비 초원이 펼쳐져 있다.(사진 4)

남쪽 산악 지역에서 흘러나온 강은 스텝과 타이가, 툰드라를 거쳐 바이칼 호수와 북극해로 간다. 우리가 흔히 쓰는 단어 중에 '북상'이나 '남하'라는 말이 있다. 그런데 유라시아를 동서로 나누어서 보면 강은 북쪽이나 남쪽이 아니라 서쪽에서 동쪽으로 흘러 바다로 간다고 느낄 것이다.

유라시아적인 관점에서 강은 북쪽으로 내려간다. 그래서인지 시베리아와 몽골에는 '지구는 태양이 지는 북서 방향이 낮게 기울어져 있다'는 신화가 전해진다.

남쪽의 톈산 산맥과 알타이 산맥에서 북쪽으로 내려가는 큰 강은 예로부터 교통의 요충지 역할을 했다. 유라시아 초원은 이 남북의 하천을 따라가는 교통로와 실크로드라는 동서를 잇는 교통로가 교차하는 곳이다.

우메사오 다다오의 『문명의 생태사관』

앞서 일본의 고고학자와 동양사학자 등은 유라시아 초원을 '세로'로 나누고 싶어 한다고 말했다. 그런데 '세로'도 '가로'도 아닌 제3의 분류법을 제창한 것도 일본인으로, 국립 민족학박물관의 설립자이자 초대 관장인 우메사오다.

그는 명저 『문명의 생태사관』 등으로 유라시아 대륙의 서단에서 동단에 이르기까지 사람들의 가치관과 사회 시스템이 매우 비슷하다는 사실에 주목했다. 서단이라는 것은 영국으로 대표되는 서유럽이며, 동단은 육지로 이어지지는 않았지만 일본이다.

'세계를 동양과 서양으로 구별하는 것 자체가 애당초 당찮은 일이다. …… 여기에서 나는 문제의 구舊세계를 싹둑 잘라 두 지역으로 나누고, 각각을 제1지역, 제2지역이라고 이름을 붙이겠다.'

우메사오는 이렇게 구세계의 봉건적인 문명을 가진 동서 양쪽의 습윤 지역(서유럽·일본)을 제1지역이라고 했다. 그리고 제1지역에 끼인 제2지역(구세계의 유라시아 대륙)은 건조한 초원으로

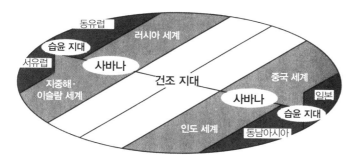

| 그림 1 |
우메사오가 문명의
생태사관에 근거해
제시한 제1지역과
제2지역.
출처: 우메사오 다다
오, 앞의 책.

이루어졌고, 그곳의 주민은 전제적 문명을 구축해서 근대화가
크게 뒤처졌다고 하는 문명의 생태사관론을 수립했다.(그림 1)

생태사관이란 생태학에서 말하는 천이의 법칙에 따라 동
물·식물이 자연 공동체를 형성하는 것과 마찬가지로, 인간의
역사적 영위 또한 본질적으로 동일하다는 사상이다. 우메사오
가 문명의 생태사관론에 도달한 것은 전시에 내몽골에서 실시
했던 조사의 영향이 크다. 그는 제2지역은 '악마의 소굴' '폭력
의 근원이다'라고도 서술해서 제2지역 출신인 나는 매우 놀랐
으나, "폭력이란 파워라는 의미"라고 진의를 직접 들었던 일화
는 앞에서 적어둔 대로다.

내가 국립 민족학박물관에서 배우고 있었을 때의 일이다.

한 달에 한 번, 우메사오 관장의 오찬회에 가는 기회가 있었
다. 그는 자신의 이름을 몽골문자로 쓰고, "유목민의 파워가 세
계사를 움직였다"라고 하셨다. 제2지역에는 역사를 만들어내
는 파워가 있다는 것이다. 제2지역에 살고 있는 사람은 유목민

이니 우메사오는 유목민이 이동하면 역사가 움직인다고 말하고 싶었던 것이다.

그 이후 마쓰바라 국립 민족학박물관 교수(사진 5)는 「유목의 메시지」에서 단적으로 '유목이 유라시아에서 한 역사적 역할은 매우 크다. 주요 역할은 역사 변동의 내연 기관 기능이라고 할 수 있다'고 지적했다.

실제로 동아시아로 한정해서 봐도, 청나라가 형성된 원인은 만주인이 발흥했기 때문이다. 만주인이 왜 탄생했는가 하면, 옛날에 그 땅에 있던 대금국(1115~1234)이 몽골제국(1206~1368)한테 멸망당했기 때문이다. 서쪽에서도 이야기는 똑같다. 훈족이 서쪽으로 움직이자 동로마제국(395~) 영내에서도 여러 민족의 대이동이 시작됐고, 투르크가 몽골 고원에서 이동한 결과 유라시아의 투르크화가 이뤄졌다.('투르크'는 제4장에서 자세하게 다룬다) 이 커다란 세계사의 변동을, 우메사오는 문명의 생태 사관으로 규명한 것이다.

그가 말하는 제2지역이 바로 유라시아 초원이다. 기후와 식생으로는 스텝 지대이고, 남쪽의 사막성 초원(고비)에서는 화본과禾本科 식물이 광대한 땅에 무리지어 살고 있다. 스텝도 사막성 초원도 가축의 방목에 적합하다. 그렇기 때문에 유라시아 초원에서는 일찍이 유제류有蹄類(발굽이 있는 포유류 동물)를 가축으로 사육했고, 가축이 이동하는 시기에 맞춰 인간도 따라서 이동하게 됐다. 투르크와 몽골 등의 유목민은 양과 염소, 소와 말, 낙타까지를 가축으로 본다. 유목민의 가치관으로는 개나 고양이, 돼지 등은 가축에 속하지 않는다. 다섯 가지 가축의 공통점은 착유의 대상이 될 수 있다는 것이다. 마쓰바라는 유제품 제조법이 확립된 단계에서 유목이 성립했다고 말한다.

초원에는 굴에 사는 설치류 동물 타르바간도 서식하고 있다. 땅에 구멍을 파기 때문에 토양의 통기성이 좋아지지만, 이게 너무 많아지면 초원이 황폐해진다. 타르바간은 늑대한테 잡아먹힌다. 늑대는 가축을 잡아먹기도 하는데, 인간 역시 가축을 먹는다. 이와 같이 초원은 복합순환형 생태계를 유지하고 있다. 그 순환을 어느 정도의 규모로 확대할 수 있을지는 물의 양으로 결정된다.

유라시아에서는 옛날부터 '하늘의 선물'인 초원을 가축을 풀어놓는 사람 모두가 공유하는 재산이라고 여겼다. 넓은 초원은 곳곳에 강이 흐르거나 샘이 솟아 물이 풍부한 양질의 초원과 그렇지 않은 지역으로 나뉜다.

물이 풍부한 양질의 초원을 사용했던 무리는 파워가 있는 유목민이었다. 힘없는 집단은 상대적으로 열등한 초원을 사용할 수밖에 없었다. 초원의 질이 유목민 사회에서 서열을 결정짓는 경우도 있다.

유목민은 많은 가축을 가지고 있는 집을 부자로 여긴다. 사용하는 초원의 넓이 등의 조건도 당연히 중요하다. 물이 풍부한 양질의 초원에서 많은 가축을 방목하고 있는 것이 풍요로움의 증표다.

또 수렵·채집민에게 강한 경의를 나타내는 것도 유목민 특유의 가치관이라고 할 수 있다. 나중에 자세히 말하겠지만, 유목민은 자신들보다 긴 거리를 이동하는 수렵·채집민을 그만큼 많은 정보를 가지고 있는 지식인이라고 생각한다. 반면 전혀 이동하지 않는 지나인 농민은 자신보다 보수적인 존재라고 생각하고 있다. 유목민 사회에는 '사람은 움직이는 것, 산은 움직이지 않는 것'이라는 속담이 있다. 움직이지 않는 사람은 보수적이고 고정 관념에 속박되기 쉽다는 뜻이다.

유목민이 보기에 도시의 상인은 농민보다도 아래다. 유목민들은 도시가 인간을 집약해서 그곳에서 움직이지 않도록 하는 장치고, 도시에서 장사를 하는 건 돈에 집착하는 사람이라고 이해한다. 「유목의 메시지」에 따르면, 유목민의 '이동성을 기저에 두는 생활에서는 누적되는 부의 축적이 저절로 제약된다. 덕분에 유목 사회에는 극단적인 계층성이 없는 평등한 사회 구조를 갖는다. 농경 사회처럼 부의 쏠림이 생기지 않는 것이다.' 이것도 오랜 세월에 걸쳐 유라시아 유목민과 함께 생활하면서 조사해 온 마쓰바라의 결론이다.

이런 가치관을 가진 유목민의 문명을 인정하지 않는 중국은 농경민족적인 관점에서 유목민을 바라보며 무시해 왔다. 그렇지만 유목민 입장에서는 유목민이 능동적이며, 농경민족은 고루하다고 보고 있다. 그리고 농경민이 유목 문명을 왜곡하고 있다는 생각도 가지고 있다. 이것이 현재 몽골과 중국 사이에서 벌어지는 문명 논쟁의 요인 중 하나다.

사막의 문명

이야기를 다시 사막성 초원으로 되돌려보자. 내 고향인 오르도스 역시 사막성 초원 중 일부다. 사막이라는 어감에서 사구砂丘 같은 토지를 상상하는 사람도 있을지 모르겠지만, 유라시아의 사막은 사구와는 전혀 다른 성질을 가진다.

고비 사막이라는 이름으로 알려진 몽골 엘리스는 시베리아 남부에서 오르도스까지 펼쳐져 있다.(사진 6) 지도에서 보면 북서쪽에서 남동쪽으로 펼쳐져 있는 것을 알 수 있다. 서쪽의 중앙아시아에는 카라코룸 사막이 있고, 이곳도 역시 북서쪽에서

| 사진 6 |
몽골 남부 고비 초
원의 유목민. 착유
하는 염소의 목을
줄 하나로 묶었다.
착유가 끝나고 줄을
당기면 순간적으로
풀린다.

남동쪽으로 펼쳐져 있다. 이것은 절대 우연이 아니다.

편서풍은 모래의 분포를 북서에서 남동으로 퍼지게 한다. 만약 편서풍이 불지 않아서 모래가 실려 오지 않았다면, 몽골 엘리스도 오르도스 고원의 북동부도 푸른 초원이었을 것이다. 그래서 유라시아에서는 사막을 불모지라고 생각하지 않는다. 오히려 따뜻한, 겨울을 보내기 적합한 땅이라 여기면서 아낀다. 유라시아의 사막은 현지 사람들에게 사랑받고 있다.

문명사로 볼 때 유라시아의 건조 지역은 이른바 세계 4대 문명의 발상지다.(시마다 요시히토嶋田義仁, 『사막과 문명』)(그림 2) 나고야 대학 교수였던 시마다는 최근 인류의 문명을 지구인류학적 문명론의 차원까지 높이고, 아프로·유라시아Afro-Eurasia 건조 지역 문명의 역할을 재평가하고 있다.(시마다 요시히토, 같은 책)

시마다가 '사막'이라는 문자를 사용했는데, 나도 몽골인이

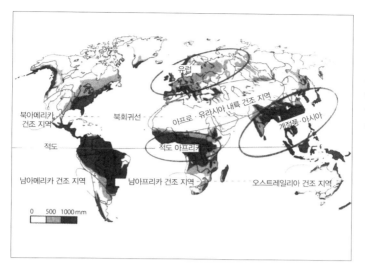

| 그림 2 |
세계의 건조 지역
분포와 아프로·유
라시아의 생태학적
환경(강수량에 따른
분포)
출처: 시마다 요시히
토, 앞의 책.

기 때문에 사막을 좋아한다. 일본의 사막은 자갈이 잘게 부서져 생긴 결과이나 유라시아의 사막은 그와 달리 풍부한 물이 포함돼 있기 때문에 역시 모래가 있어야 한다. 내가 어렸을 때 우리 고향의 사막에는 호수와 그곳에 서식하는 물고기가 있었다. 그러나 지금은 호수와 물고기 모두 사라졌다. 중국인 농부가 와서 농경지로 바꿔버렸기 때문이다.

최근까지 유라시아 각지의 사막을 녹화하려는 움직임이 일본 등에서 있었지만, 그것은 지구에 부는 편서풍에 맞서겠다는 농경 세계에 사는 인간의 망상적인 행위이며, 낭비일 뿐이다. 다만 근대에 들어와서 구소련과 중국의 관할 지역 안에 새로운 사막이 생겨난 것은 사실이다. 이는 유목이 초래한 문제가 아니라 애초에 농경에 적합하지 않은 토지에 러시아와 중국

농민 이주해서 밭으로 바꿨기 때문에 발생한 문제다. 일부에서는 초원을 밭으로 바꾸는 게 녹화 사업이라 생각할지도 모르겠지만, 영양층이 얇은 지표가 파괴돼서 사막이 되기 때문에 과학적이나 경험적으로 역효과를 낸다는 사실이 속속 증명되고 있다. 사막화를 막고 싶다면 러시아인과 중국인이 더는 건조한 대지를 쟁기와 괭이로 엎어버리지 않도록 막아야 할 것이다.

청동기 문명

초원에 야금^{冶金} **문명이 태어나다**

'유목의 기원은 농경보다 오래됐을 가능성이 크다. 유제품의 제조법이 확립된 단계에서 축산물을 중심으로 생활을 유지하는 것은 충분히 가능했다'는 게 유라시아 각지의 유목민 사회에서 조사·연구해 온 마쓰바라의 견해다.

일반적으로 유라시아 초원에서 유목이 시작된 것은 청동기시대인 기원전 1,000년경으로 알려져 있다. 청동기는 종교와 철학의 형성과도 관련되었기 때문에 문명을 이해할 때 여기에 주목할 필요가 있다. 최근 청동기시대의 문화를 연대별로 정리하는 작업이 진행되고 있으며, 이를 통해 당시 유목민을 더욱 깊이 이해할 수 있게 됐다.

예를 들어 시베리아 남부에 있는 미누신스크 분지에서는 수많은 청동기가 출토돼서 청동기 제조와 동시에 목축과 수렵·어로를 병행한 미누신스크 문명이 존재했다는 사실을 알게 됐다. 이 문명은 출토된 층의 차이와 청동기의 특징을 기준으로 나눌 수 있다. 오래된 것부터 아파나시에보문화, 안도로노보문화, 카라수크문화로 분류한다.(후지카와 시게히코藤川繁彦 엮음, 『중앙유라시아의 고고학』)

이 시대의 지나는 신화 속 삼황오제三皇伍帝 시대부터 춘추전국시대(기원전 770~기원전 221)에 해당한다. 미누신스크 분지에는 지나와 완전히 다른 문명이 세워져 있었다.

유라시아 고고학자인 후지카와에 따르면, 기원전 4,000년에 이미 동석기(동기와 석기)와 말을 이용하고 있었다. 그리고 기원전 3,000년 초기에 아파나시에보문화가 일어날 무렵에는 청동기 제조가 시작됐다. 구체적인 예로 청동을 사용한 단검 제조를 들 수 있다.

기원전 3,000년 말 무렵에는 아파나시에보문화에서 안도로노보문화로 넘어가는데, 이 무렵부터 시베리아의 사얀·알타이산맥의 광상鑛床(유용한 광물 등이 밀집된 부분)을 이용하기 시작했다. 광상은 청동기 제조에서 빠뜨릴 수 없는 부분이다.

기원전 2,000년에서 기원전 800년에 이르면 새로운 카라수크문화가 탄생한다. 청동기의 제조 범위는 초원과 숲 전체로 확산됐다. 이 시기에 만들어진 청동 단검은 오늘날 동쪽의 만주 평원에서 서쪽의 흑해 연안까지에 이르는 넓은 범위에서 출토되고 있다.

광대한 범위에서 매우 비슷한 청동 단검이 출토됐다는 사실에 근거해서 탄생한 게 유라시아(시베리아) 야금권 설이다. 문화권 또는 문명권을 표방하려면 권내에서 문화와 문명이 얼마나 균일성을 가지느냐가 중요하다. 이 지역에서 출토된 청동 단검은 거의 같다. 무기로서 실용성은 그다지 높지 않고, 고귀한 신분과 권력의 상징으로 사용됐을 가능성이 크다.

당시 지나인의 은나라에서도 청동기는 만들어졌다. 그러나 단검이 아닌 농경의례용의 중후한 제사용 기구였으며, 가문과 권력의 상징으로서 신단 안에 놓여 있었다. 들고 움직이려면 마차나 소달구지 등이 필요할 정도로 크고 무거웠다. 이러한 차이 때문에 은나라는 유라시아 야금권 밖에 있다.

그런데 왜 유라시아 야금권은 이만큼 광범위하게 분포하는 것일까. 그 답은 유목민의 이동에서 찾을 수 있다. 청동 단검은 말을 타는 유목민에 의해 광범위하게 유포된 것이다. 이와 달리 지나에서는 말과 마차의 사용이 매우 늦었다. 은의 유적에서는 말의 뼈나 바퀴 등은 출토되지 않았다. 마차가 서아시아에서 점차 동쪽으로 전해진 역사는 시즈오카대학 명예교수 아라카와 히로시荒川紘의 확고한 연구 결과가 나와 있다. 나도 수년 동안 아라카와의 가르침을 받았는데, 유라시아 초원의 동쪽 끝에 있는 은나라는 당시 마차의 존재를 몰랐기 때문에 거대한 청동기를 운반하는 수단을 별도로 생각해야만 했다.(아라카와 히로시, 『차의 탄생』) 중후한 청동기를 만드는 문화가 은나라 밖으로 퍼지지 않은 것은 은나라 사람들이 만든 청동기를 들고 이동할 수 없었기 때문이라고도 볼 수 있다. 이렇게 은의 문화는 주변으로 확산되지 않았다.

오르도스식 청동기의 수수께끼

앞서 문화권 또는 문명권에는 권내의 균일성이 요구된다고 지적했는데, 그 설을 강하게 주창한 사람은 독일의 인류학자이자 정치지리학의 시조라고도 불리는 프리드리히 라첼Friedrich Ratzel 이다. 그는 '문화란 그 지역에 사는 사람이 지리적 풍토적 영향을 받아 만들어내는 것'이라고 했다. 어딘가에서 전해진 문화가 있었다고 해도, 그것은 그 땅의 기본적인 문화와 접촉해서 새로운 문화를 만들어낸다는 개념이다. 문화는 높은 곳에서 낮은 곳으로 내려가면서 전달된다는 진화론적 사고방식과는 대립하는 이야기다.(호리 요시모치堀喜望, 『문화인류학』)

예를 들어 지나문화가 일본에 전해져 그것이 일본문화로 발전했다는 생각은 일종의 진화론·계통론적 개념이다. 내 눈에는 많은 일본인이 이 진화론·계통론적 개념을 무비판적으로 수용하고 있는 것처럼 보인다. 일본인이 지나(중국)을 지나치게 크게 보는 것도 진화론적 관점과 무관하진 않다.

　오르도스는 쌍환병두^{双環柄頭}(손잡이 끄트머리에 원형 고리가 2개
인 형태)의 단검이나 동물이 싸우는 모습이 그려져 있는 허리
띠 장식 등의 특징을 가진 오르도스식 청동기가 많이 출토되
는 지역이기도 하다.(사진 7) 오르도스식 청동기가 주목받은 것
은 1930년대에 중국에 유학해서 내몽골 각지에서 조사하던 에
가미 나미오^{江上波夫}와 미즈노 때문이었다. 두 일본인 고고학자
가 특히 일본의 지배하에 있던 내몽골에서 몽골 세석기^{細石器}문
화, 쑤이위안^{綏遠} 청동기 등을 적극적으로 조사해서 「내몽골 장
성 지대^{內蒙古長城地帶}」라는 보고서에 정리한 게 계기가 됐다. 일본
에서 볼 때, 아니 세계적으로 봐도 오르도스식 청동기의 연구
에 불을 붙인 것은 두 사람의 위대한 고고학자였다.
　중국에서는 문화대혁명 추진 이후인 1960년대부터 1970년

| 사진 8 |

오르도스 고원 주
르헤Jiruke의 발굴 풍
경. 보통 문화재는
출토지에 따라 이름
을 붙이는 게 변하
지 않는 원칙이다.
그러나 중국의 편협
한 민족주의자들은
지나어로 주카이거
우Zhukaigou(朱開溝)라
고 쓴다. 주카이거
우는 주르헤의 발음
에 끼워 맞춘 한자
에 지나지 않는다.
중국의 국가민족사
무위원회가 제정한
규정에도 '소수민족
의 지명은 그 주민
을 따른다'고 나와
있다. 그러나 이 규
정을 지키는 중국인
은 거의 없다.

| 사진 9 |

오르도스 고원의 주
르헤에서 출토된 물
품의 일부. 돌도끼류.

대에 걸쳐서 오르도스 고원 중앙부의 에진호로기에 있는 주르

헤朱開溝(몽골어로 심장을 의미) 지역에서 발견된 옛 건축 잔존물에

서 대량의 오르도스식 청동기가 출토되면서 단숨에 존재감이

커졌다.(사진 8과 9)

　몽골에서는 아이들의 옷에 자안패를 붙이는 관습이 있다고

언급한 바 있는데, 이 청동기 파편을 단추 대신 사용하는 일도

일상적으로 이뤄지고 있다.

오르도스식 청동기에는 아직 수수께끼가 남아 있다. 그것은 광대한 유라시아 중 '어디에서 만들어졌는가'다. 아직 용광로는 발견되지 않았다.

그런데 나는 이 수수께끼를 풀 수 있을지도 모르는 힌트를 몇 년 전에 발견했다. 오르도스의 집 근처를 산책하고 있을 때, 청동 용광로의 흔적을 찾아낸 것이다. 그때 나는 이게 대발견일지도 모른다고 생각해서 현지 고고학연구소에 알렸는데, 공을 독차지하고 싶었는지 입막음당하고 말았다. 현지 고고학자들이 자기들 공으로 돌려서 흐뭇해하는 건 상관없지만, 언제 용광로를 발견했다는 뉴스를 들을 수 있을지 몰라 아직도 애타게 기다리고 있다.

기원전 2,000년경, 우란하다에서 번성했던 하가점하층^{夏家店下}^層문화 유적에서도 최근에 시베리아 미누신스크의 안도로노보 문화 유적에서 발견된 유물과 같은 모양의 청동기가 발견되고 있다. 청동 단검 외에도 마구와 허리띠 장식도 있다. 몽골 고원에서 흑해까지 사이에 고도로 디자인된, 거의 같은 그림 모양의 '스키타이식' 허리띠 장식이 발견되고 있다. 고고학자들은 그것을 '오르도스식 청동기' 또는 '스키타이식 청동기'라고 부른다. 여기서 스키타이는 고대 이란계 유목민을 말한다.

오르도스식 또는 스키타이식 허리띠 장식에는 사자나 늑대 같은 동물이 말을 물고 있는 듯한, 달리 말하자면 육식 동물이

초식 동물을 사냥하는 장면이 그려져 있는 게 많다. 또 말에서
내린 두 남자가 맞붙어 대결하고 있는 모습도 묘사돼 있는데
마치 스모를 하고 있는 것 같다.(사진 10, 11, 12) 문화인류학의 지
식으로 보자면 작은 청동기가 붙은 허리띠는 유목민에게 소중
한 물품이다. 카우보이가 폭이 넓은 벨트를 착용하는 행위에는
의미가 있다. 거친 말에 몸을 맡기고 있으면 내장이 심하게 움
직여 최악의 경우는 창자가 얽혀 장폐색으로 죽을 수도 있다.
그런 사고를 방지하기 위해 폭이 넓은 벨트로 내장을 해당 위
치에 고정하는 것이다. 유목민 사이에서 허리띠와 그것을 고정
하는 허리띠 장식이 발달한 것도 같은 이유에서다. 폭이 넓은
허리띠로 신체를 감으면 말을 타면서 장거리 이동을 할 수 있
고, 군사 작전도 견딜 수 있다. (사진 13)

현재 일본 스모의 기원은 거란에 있다고 알려져 있다. 거란

| 사진 13 |
초원의 유목민 청소
년들. 옷에 가려져
잘 보이지 않으나
허리띠를 차는 게
일반적이다.

은 10세기에 유라시아 동부에 있던 민족이지만(관련된 내용은 제5장에서 상세히 언급한다) 나는 이 허리띠 장식을 근거로 스모의 기원은 기원전 스키타이라고 몽상하고 있다.

중원과 나란히 존재한 오르도스 문명

오르도스식 청동기는 일본에서도 종종 발견된다. 주요 출토 지역은 규슈인데, 2013년 8월에는 시가^{滋賀}의 다카시마^{高島} 시에 있는 가미고텐^{上御殿} 유적 중 야요이 중기의 것으로 보이는 층에서 검을 쥐는 손잡이에 2개의 고리가 달린 쌍환병두 단검이 출토됐다. 지금까지 일본에서 발견된 동검과 다른 모양이기 때문에 지나에서 전해졌는지, 아니면 동해 루트로 전래됐는지 확실하지 않다. 전래된 경로에는 여러 가지 가능성이 있기 때문에 동검의 유통 경로를 해명할 수 있는 귀중한 발견이라고 당시 언론이 보도했다. '한반도에도 규슈에도 없는 단검이 왜 시가에' '무엇에 썼을까' 등 풀리지 않는 수수께끼로 많은 연구자가 골머리를 앓고 있다고도 했다.

이것은 동쪽은 지팡^{Zipangu}의 시가, 서쪽은 유럽과 아시아의 경계에 있는 흑해에 이르는 범위에서 오르도스식 청동기가 발견된 것이다. 오르도스식 청동기의 광범위한 분포는 유목민이 그 넓은 지역을 두루 이동한 결과라고 생각해도 좋다.

유라시아의 청동기시대와 지나의 신화에나 존재하는 삼황

오제시대부터 춘추전국시대는 거의 같은 시기다. 이 시기의 유라시아와 지나에는 완전히 다른 문화가 형성돼 있었다. 따라서 '춘추전국시대의 오르도스'처럼 타자(지나)의 연표로 유라시아를 말하는 것은 지나의 기준으로 타국을 재는, 매우 거만하고 부자연스러운 태도다. 여기에서 벗어나지 못하면 '지나 사관'으로 유라시아를 이해하는 실수를 범하게 된다.

어쨌든 스키타이문화, 그리고 오르도스식 청동기문화는 기원 3세기 무렵부터 쇠퇴해간다. 지나로 따지면 후한시대(25~220)다. 이후 유라시아는 철기시대로 접어든다.

고대 유목민이 남긴 유적

사슴돌의 수수께끼

고대 유목민이 남긴 수많은 유적은 지금도 몽골 고원에서 찾아볼 수 있다. 그중 하나가 헤레크수르다.(사진 14, 15) 유라시아 고고학자들에 따르면 헤레크수르는 청동기시대의 유목민이 만든 고분이다. 고분을 둘러싼 외부 구조 중 큰 것은 반경 800미터에 이르는 등 일본 긴키 지방에서 볼 수 있는 고분보다 대부분 규모가 웅대하다.

고고학자 후지카와는 '헤레크수르는 몽골리아와 브리야티아에서 발견된 적석총에 붙여진 명칭'이라고 정의한다. 그 안에서는 가축 뼈와 소박한 토기, 청동기, 철기가 발견됐다. 불을 사용한 흔적도 확인할 수 있다. 인골은 매우 적었으나 하늘을

| 사진 14 |
몽골 고원 중앙의
고분. 현지 유목민
은 헤레크수르라고
부른다.

| 사진 15 |
몽골 고원 서부 자
우항에 있는 고분.

보고 묻혀 있었던 것이 확인했다.

헤레크수르는 몽골어로 '키르기스인의 무덤'이라는 뜻이다. 왜 이런 이름으로 불리게 됐는지는 확실하지 않지만, 인류학적 으로 생각해보면 매우 흥미로운 고찰을 할 수 있다.

키르기스는 옛날부터 시베리아 남부에서 몽골 고원 북서부 에 걸쳐 살았던 수렵 유목민이며, 그들이 역사의 무대에 등장 한 것은 9세기 중반의 일이다. 헤레크수르가 만들어진 청동기

시대는 키르기스인이 몽골 고원에 진출한 시대보다 훨씬 전의 일인데, 고분에 묻힌 사람은 키르기스인이 아니다. 그런데 왜 키르기스 이전에 있던 스키타이나 그 뒤에 나타나는 투르크나 키타이(거란)가 아니라 키르기스인 것일까. 그것은 현대의 몽골인이 가진, 자신들의 조상은 '삼림의 사람들, 키르기스'와 연결됐다는 사상의 표현일지도 모른다.

지금도 볼 수 있는 고대 유목민의 유산 중에는 사슴돌도 있다. 사슴돌은 주로 기둥 모양의 돌로 높이는 1, 2미터 정도고 높은 것은 4미터 정도다. 주변에 사람이 보이지 않는 초원 중에서도 주로 묘지 근처에 늘어서 있다. 경우에 따라서는 수십 개가 나란히 서 있는데 그 웅대한 모습은 마치 이집트의 나일강 서안에 있는 '왕가의 계곡'과 같다.(사진 16) '(사슴돌은) 상단이 비스듬히 깎인 사벨(서양식 칼) 모양 또는 기둥 모양이 많다.

| 사진 16 |
몽골 고원의 사슴돌이 있는 유적의 풍경.

| 사진 17(좌), 18(우) |
추상화된 사슴이 새
겨진 돌기둥.

| 사진 19 |
오른쪽 끝에 오르도
스식 청동 단검과 도
끼가 새겨진 사슴돌.

몽골리아에서는 500개 이상, 브리야티아에서 10개, 알타이에서 50개, 투바에서 30개에 달하는 예가 확인됐다'는 데이터가 있다.(후지카와 시게히코, 앞의 책)

이 돌이 사슴돌이라고 불리는 이유는 돌에 사슴 모양이 새겨져 있기 때문이다.(사진 17, 18) 사슴뿐만 아니라 오르도스식 청동기의 특징을 가진 단검 등도 새겨져 있다.(사진 19) 따라서 이 사슴돌은 오르도스식 청동기시대 이후의 유물이라고 해석하는 고고학자도 있다. 또는 그 이전에 세워진 것에 청동기시대의 사람이 자신의 소유물을 새긴 것이라고도 판단할 수 있다. '사슴돌의 연대와 관련해서 다양한 설이 나왔지만, 최근에는 청동기시대이자 스키타이시대 이전이라는 설이 유력하다.'(후지카와 시게히코, 앞의 책) 어쨌든 오르도스식 청동기를 사용하던 사람들이 이 사슴돌을 초원에서 목격한 것은 틀림없다.

사슴돌에 새겨진 동물은 사슴이라는 게 정설이다. 그러나 나는 감히 이것은 사슴이 아니라고 해석한다. 이 동물은 사슴이 아니라 순록이 아닐까.

인류학적 견해에 따르면 순록문화권이라는 게 있다. 시베리아 원주민, 캐나다 에스키모(이누이트), 그리고 스칸디나비아 반도 북부의 사미인은 거의 같은 문화를 가지고 있다. 그들은 사냥과 채집을 하고 샤머니즘 신앙을 가졌다. 살아 있는 순록으로 썰매를 끌고, 도살한 순록의 고기와 가죽을 식량이나 의복, 주거용(텐트)으로 활용한다.

긴 역사 속에서 이 순록문화권에 머무르는 사람도 있고, 나가는 사람도 있었다. 툰드라의 대지에서 출발해 남쪽의 초원에 출현한 사람 중에서는 유라시아에서 유목민이 되길 선택한 사람도 있었다.

잘 알려진 바와 같이 약 5만~6만 년 전에 아프리카에서 나온 현생 인류(호모 사피엔스, 해부학적·행동적 현대인)는 남북 두 경로를 거쳐 동아시아에 도달했다. 아라비아 반도와 인도 등 온난한 루트를 지나간 인류는 각 지역에서 농경·도시 사회를 구축했다.

한편 서유럽이나 북유럽, 북극권을 경유해서 동쪽으로 향한 그룹도 있었다. 극한의 루트를 지나간 인류가 있었다는 사실도 다양한 유적을 통해 확인할 수 있다.(가이후 요스케海部陽介, 『일본인은 어디에서 왔는가?』)

최근 북방 루트에서 확실한 고고학적 증거를 얻었고, 그를 통해 인류가 '서아시아에서 코카서스 산맥을 거쳐 약 4만~5만 년 전까지 남부 시베리아로 진출했다고 추정된다'고 시즈오카 대학 부교수이자 구석기 고고학 전공자인 야마오카 다쿠야山岡拓也 등은 말한다. 내 동료이기도 한 야마오카는 실제로 몽골 고원에 가서 구석기시대의 유적을 조사했다. 그들이 말하는 남부 시베리아는 알타이 산맥과 몽골 북부, 바이칼 호수 주변을 포함한다. 몽골 동부의 칸자트에 있는 구석기 유적이 증거 중 하나다.(야마오카 다쿠야, 「도구 자원 이용에 관한 인류의 행동적 현대성」 ; 이즈호 마사미出穂雅實·B.초그트바타르Batmunkh Tsogtbaatar·야마오카 다쿠야 등, 「몽골 동부 칸자트 1 구석기 유적의 제1차 조사보고」)

북극에서 수렵·채집 생활을 하게 된 인류의 일부는 산과 숲으로 가서 사냥하고, 더 천천히 시간을 들여 초원으로 향하는 사람도 나왔다. 후자는 이윽고 목축에 적합한 초원에서 유목을

시작했다.

유목민이 수렵·채집민
에게 강한 경의를 나타낸
다는 사실은 이미 언급했
다. 그것은 자신들의 조
상, 뿌리에 대한 존중이
다. 그 경의는 지금도 여
전하며, 신께 드리는 신성
한 제물은 키워서 길들인
가축이 아니라 사냥으로 잡은 야생 동물이어야 한다는 가치관
을 낳았다.(사진 20)

칭기즈칸 일족의 역사를 그린 『원조비사元朝秘史』를 읽어 보
면, 그들의 선조는 수렵·채집을 하고 있었지만 10세기 혹은
11세기에 이르면 초원에서 유목하는 삶으로 바뀐다는 사실을
알 수 있다. 칭기즈칸이 소년 시절에 수렵·채집을 하면서 아주
오래 전 조상을 신성시한 것은, 몽골인들의 '감춰진 역사'에 적
혀 있기 때문이었다. 이러한 역사·문화적 배경을 고려할 때 나
는 사슴돌에 그려져 있는 사슴이 원래 순록이며, 몽골 고원에
서 유목화한 사람들이 수렵·채집을 하던 조상의 상징으로 새
긴 성스러운 상징적 부호가 아닐까 해석한다.

그런데 이 사슴돌에는 또 다른 수수께끼가 있다. 아직 무엇
을 위해 세워진 것인지 이유를 밝혀내지 못했다. 이 수수께끼

를 풀려고 하다 보니 나도 사슴돌에 그려진 것이 순록이 아니라 사슴이 아닐까 하는 입장으로 다시 바뀌었다. 왜냐하면 러시아인을 포함한 시베리아의 몇몇 민족은 북쪽 하늘에 빛나는 큰곰자리를 사슴이라고 부르기 때문이다. 러시아의 사모헤드 족은 북극성을 '사슴을 쏘아서 잡은 사냥꾼'이라고 부르고 있다. 몽골인은 북극성을 '황금 기둥'이라고 부르고, 그 황금 기둥 근처에 있는 오리온 자리를 '세 마리 사슴'이라고 표현한다.(사진 21) 또한 유라시아 동부의 수렵·채집민과 유목민 역시 천체와 사슴을 연결지어 생각한다. 은하수를 사람에게 쫓기고 베인 사슴이라고 말하는 신화도 있다.(우노 하르바,『샤머니즘의 세계－알타이계 민족들의 세계상』)

나는 사슴돌 신앙은 인류학적으로 유목민의 북극성 신앙, 배천拜天 신앙과 관계가 있다고 해석한다.

| 사진 21 |
북극성을 나타낸 황금 기둥. 러시아 브리야트 공화국의 수도 울란우데 근교.

| 사진 22 |
오르도스 고원의
칭기즈칸 제사. 앞
쪽에 있는 '황금 기
둥'(북극성)은 지면에
나뭇가지로 표현된
'은하수'와 이어져
있다.

유목민은 하늘을 믿고 받든다. 드넓은 유라시아 초원 위를
천막처럼 덮은 밤하늘에서 북극성, 즉 몽골인이 말하는 '황금
기둥'이 반짝 반짝 빛난다. 황금 기둥을 우러러보는 사람들에
게 북극성은 태양과 달에 이어 세 번째로 특별한 존재라는 생
각을 가지게 한다. 그들에게는 유라시아 사람들이 공유하는 초
원은 하늘의 선물이며, 하늘은 최고의 신이다.

인류학적인 증거로 13세기부터 이어져 온 칭기즈칸을 모시
는 축제를 들 수 있다. 이 '칭기즈칸 제전'에서 황금 기둥인 북
극성과 은하수를 위해 성스러운 마유주馬乳酒를 바치는 의례가
있다.(사진 22) 정치적인 의례는 칭기즈칸 일족, 즉 '천손'이 실
시한다. 만약 '사슴을 쏘아서 잡은 사냥꾼'을 '황금 기둥'과 동
일시한다면, 대지에 선 사슴돌도 배천 의례에 사용했다고 설명
할 수 있지 않을까. 사슴돌이 세워진 시대의 유목민들은 오늘

날 우리가 사슴돌이라고 부르는 기둥을 황금 기둥, 북극성이라고 불렀을지도 모른다.

오늘날의 다양한 신화와 종교가 탄생하기 이전에는 많은 지역에 배천 신앙이 존재했다. 유목민의 배천 신앙은 중국에도 전해졌고, 주나라 이후에는 지나에서도 '황제는 천자'라는 개념이 생긴다. 그전에 지나에는 하늘을 믿는다는 사상은 희박했다. 지나의 고대 종교는 제왕 신앙이었다. 제왕은 신이지만 하늘과 연결되지 않으며, 인격화되지도 않았다.(이토 미치하루伊藤道治·카이즈카 시게키貝塚茂樹, 『고대 중국』) 조금 더 말하자면, 유목민은 하늘이 아홉 층으로 구성됐으며, 각각의 층에 각각의 신이 살고 있다고 상상했다. 하지만 지나에서는 하늘의 구체적인 모습이 구현되지 않았다.

여기까지 되돌아보면, 유목 문명을 황허 문명이나 양쯔강 문명과 나란히 중화 문명의 발상지로 엮는 것이 얼마나 무리한 발상인지 알 수 있다.

유목 문명은 역시 유라시아 문명의 일부다. 앞서 살펴본 바와 같이 은허에서 극소수의 오르도스식 청동기가 발견된 예처럼 지나와 유목민 사이에 교류는 있었다. 그러나 그것은 어디까지나 유목민에 의해 다른 문명 사이에서 대화가 이뤄진 결과에 지나지 않는다. 유목 문명은 결코 지나에 속하지 않는다.

제3장부터는 이 사실을 전제로 중국과는 다른, 독자적인 문명의 관점에서 '유라시아 문명'에 대해 써 나가겠다.

제3장
'서쪽의 스키타이, 동쪽의 흉노' 그리고 지나 도교

스키타이

흉노

황허

양쯔강

기원전 5세기경

유목민은 누구인가

유목민의 '유遊'는 규칙적인 이동을 뜻하는 말이다. 규칙성을 만드는 건 봄·여름·가을·겨울이라는 계절의 변화다. 동물은 날씨가 더워지면 시원한 곳, 추워지면 따뜻한 곳을 따라 살기 좋은 땅으로 이동한다. 인간도 아주 오랜 옛날부터 이동하며 살았다. 수렵·채집시대에는 사냥감, 목축시대에는 가축이 이동하면 그 움직임을 따라 거주지를 바꿀 수밖에 없었다. 이런 자연의 천이가 유목의 기원일 것이다.

폐쇄의 상징 만리장성

현재 유목민은 이동할 시점을 집단 내에서 협의를 통해 정한다. 그런데 다음 날 이사하기로 결정한 후에 자다가 일어나 보니, 이미 가축들이 먼저 이동한 경우도 흔히 발생한다. 거의 매년 일어나는 일이라고 봐도 좋다. 이렇게 '유목'은 지금도 동물을 좋아 움직이는 성질이 사람에게 남아 있음을 보여준다.

가축을 사육하는 행위는 1만 년 전에 메소포타미아에서 시작됐다는 게 오랜 정설이었다. 당시 가축은 양이었다. 8,000년 정도 전에 소가 추가됐고, 6,000년 정도 전에 말이 더해진 것으로 여겼다. 하지만 요즘은 메소포타미아가 아니라 유라시아 북부의 초원 지대에서 시작됐다는 설도 유력시되고 있다.

유목민이 키우는 가축은 모피와 고기와 우유 등 인간의 의식주에 도움을 주는 양이나 염소와 힘까지 이용할 수 있는 소와 낙타, 말이다. 소와 낙타는 운반, 말은 군사에 이용한다.(사진 1) 산업 혁명의 혜택이 도시·농경민에게 퍼지기 전까지 유

| 사진 1 |
말을 탄 유목민들. 말의 등에 타면 시야가 넓어져 자연스럽게 이동하고 싶어진다. 한 사람이 말 여러 마리를 끌고 가다가 말이 지치면 말 위에서 다른 말 위로 옮겨 탄다. 그렇기 때문에 유목민의 이동은 빠르다.

목민이 군사적으로 압도적인 힘을 가지고 있었던 이유는 말의 기동력 때문이다. 그 우위성은 18세기 후반의 산업 혁명으로 증기 기관과 철도, 그리고 중화기가 발명될 때까지 이어졌다.

유목민의 선구자는 서쪽에는 스키타이, 동쪽에는 흉노를 들 수 있다. 스키타이는 기원전 7세기에서 기원전 4세기에 걸쳐 현재의 우크라이나 주변에서, 흉노는 기원전 318년부터 304년 정도까지 중앙유라시아를 중심으로 활약했다.

일반적으로 서쪽의 스키타이와 동쪽의 흉노는 다른 민족으로 여겨져 왔으나 이들에게는 공통점이 많다. 양쪽 모두 말을 타고 이동하기 때문에 기동성이 높고, 말을 타면서 활을 쏘는 기사騎射를 했다. 또 그들의 가치관에서도 공통점을 발견할 수 있다. 전투에서 형세가 불리하게 됐다고 판단하면 전쟁터에서 즉시 철수한다. 유목민에게 철수는 불명예스러운 일이 아니다. 이것은 지나의 사고와 크게 다른 점이다. 지나에서는 철수도, 항복도 불명예로 여긴다.

이런 일화도 있다. 한나라의 군인 이릉李陵은 무제의 명으로 흉노와의 전쟁에 임하지만, 힘이 모자라서 지자 투항한다. 그것을 알게 된 무제가 격노해서 이릉 일족을 처형한다. 유목민은 생명을 무엇보다 소중히 여기고, 포로가 된 걸 불명예라고 생각하지 않기 때문에 이런 폭거는 벌어지지 않는다. 망명이나 투항한 지나인(한인)을 중용하는 일도 흉노에서는 자주 볼 수 있었다.(모리 마사오護雅夫, 『이릉』) 유럽이나 미국에서도 포로로 잡

히는 건 불명예스러운 일이 아니다. 불명예라고 여기는 건 유교적인 가치관을 가진 민족뿐일 것이다. 부분적으로 지나 사상을 도입해 온 일본에서도, 태평양 전쟁에 투입된 이들에게 비슷한 가치관이 심어져 있었을지도 모른다.

'서쪽의 스키타이, 동쪽의 흉노'라고는 하나, 흉노는 서쪽인 유럽에도 알려져 있었다. 흉노라는 이름 대신 '훈'으로 말이다. 몽골인은 흉노를 '훈누'라고 부른다. 몽골어로 훈은 인간을 의미하며, 복수형이 훈누다. 흉노가 서방으로 원정을 나서자 현지에서는 훈족, 즉 훈누라고 불렀다는 학설이 있다.

오르도스는 흉노의 본거지다. 나는 고향집 현관에서 약 50킬로미터 떨어진 만리장성의 봉화대를 거의 매일 바라봤던 기억이 있다. 내가 볼 때 만리장성은 결코 훌륭하지 않았고, 오히려 매우 엉성하게 보였다. 나는 어린 시절부터 저 멀리 보이는 커다란 건축물이 무엇이었는지 흥미를 가지고 있었다. 때때로 "저기 보이는 게 무엇이죠, 무엇에 쓰는 건가요?"라고 부모님께 여쭤보기도 했다.

몽골인은 그것을 '챠간 케렘', 즉 '하얀 흙벽'이라고 부른다. 부모님은 나에게 "그 하얀 흙벽은 반대편에 사는 지나인이 역사적으로 대치를 계속해 온 우리 유목민의 남진을 막기 위해 만든 것"이라고 알려주셨다. 주변의 노인들도 모두 이구동성으로 그렇게 답했다. 그러나 나는 어린 시절에도 어른들의 대답을 들을 때마다 지나인은 진짜 이렇게 엉성한 걸로 인간의

| 사진 2 |
 오르도스 고원의
남부, 산시성陝西省의
만리장성 터.

이동을 막겠다고 생각했는지 의문을 느꼈다.(사진 2)

그 의문에 대한 답을 확인하러 간 적도 있다. 대여섯 살쯤에 말을 탈 수 있게 된 나는 어른들과 함께 만리장성의 바로 옆까지 가본 적이 있다. 내 말은 가볍게 그 장성을 뛰어넘었다.(양하이잉, 『초원과 말과 몽골인』) 그 장성으로는 유목민을 막을 수 없었던 게 분명하다. 내가 넘은 장성은 명나라 시대의 건축물이지만, 고대 중국은 진나라 시대부터 장성 축조를 시도했다. 물론 유목민으로부터 자국을 지키기 위한 것이었다. 장성이라는 흙벽으로 자국을 지키겠다는 발상이라니 얼마나 폐쇄적이며, 중국적인가. 이런 지적과 논의는 1980년대 덩샤오핑鄧小平과 중국의 지식인들이 행한 개혁개방이 진행되고 있던 중국 안에서도 있었다.

'중화 문명은 폐쇄적인 문명이며, 그 상징이 만리장성이다'

라는 지적이었다. '장성은 결코 중화민족의 위대한 상징이 아니다' '다른 민족과의 경계를 흙벽 건설로 나타내는 폐쇄성을 타파하지 않으면 개혁개방도 불가능하다'는 게 당시의 논조였다. 이 건설적인 논의를 다룬 TV 프로그램이 방영될 당시 나는 베이징에서 유학하던 중이라서 종종 본 기억이 있다. 흉노의 전설을 듣고 자란 나는 만리장성이 폐쇄성의 상징이라는 주장을 아주 잘 납득할 수 있었다.

그런데 그 뒤, 참신한 장성 재인식론은 정치적으로 비판받고, 문제시됐다. '중화 문명에 폐쇄성은 없으며, 옛날부터 쭉 위대한 것이었다'라는 자기중심 사관이 주류를 차지하게 된 것이다. 이 자기중심 사관, 즉 중화사상은 강렬한 배타성을 가진다. 구체적으로는 고대에서는 '반反이민족'이었던 것이 근대에 들어와서는 반외국주의로 변질됐고, 2012년 이후에는 반일을 특징으로 하고 있다.(사토 기미히코佐藤公彦, 『중국의 반외국주의와 내셔널리즘』)

몽골 고원에서 도나우강에 걸쳐 형성된 공통문화

오르도스는 흉노의 본거지였다. 만리장성에 가깝다는 점에서도 볼 수 있듯이, 흉노와 한나라 사이에 벌어진 전투의 최전선이었다.(지도 1)

흉노시대 이후 한참 뒤인 서기 5세기에는 혁련발발赫連勃勃이

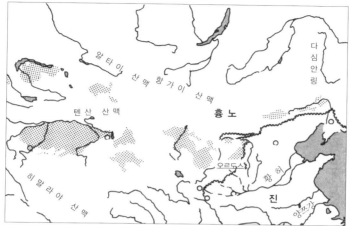

| 지도 1 |
기원전 3세기 흉노
를 중심으로 한 북
아시아 유목민 세계.
출처: 사와다 이사오
沢田勲 『흉노』.

지도 내 표기: 알타이 산맥, 항가이 산맥, 텐산 산맥, 히말라야 산맥, 다심안링, 흉노, 오르도스, 황허, 진, 양쯔강

| 사진 3 |
오르도스 고원 남서
부, 우선기에 만든
투멘 바라가스 통만
성. 근세에 들어 중
국의 산시성陝西省에
서 내몽골로 침략해
온 한인들은 성벽에
굴을 파고 살았다.

라는 매우 독특한 이름의 인물이 오르도스의 땅에 '투멘 바라
가스', 한자로 쓰면 통만성統万城을 만들어 대하왕조를 건국하는
데, 대하는 오호십육국의 하나다.

　이 통만성도 우리 고향집 근처에 있다.(사진 3) 또 오르도스에
는 흉노의 혁련발발에 관한 전설도 남아 있다. 전설에 따르면,

통만성의 지하에 멀리 남쪽의 장안까지 연결된 터널이 있다고 한다. 혁련발발의 흉노 군단은 그 터널을 통해 지나 땅에 신출귀몰했기 때문에 싸움에 무척 강했다. 우리 집 근처에 동굴이 많아서 어릴 때는 터널의 용병 전설이 사실이 아닐까 생각하기도 했다.

통만성은 대하의 여름철 수도였고, 장안은 겨울철 수도였다. 계절에 따라 수도를 옮겨 다니는 것도 유목민 군주의 전형적인 습성이다. 혁련발발은 흉노의 왕족, 선우의 계통을 이은 인물이다. 오호십육국의 일부는 흉노 계통의 인물이 왕조를 만들었다. 흉노가 최초로 중국의 기록에 등장한 것은 기원전 318년이며, 동쪽에서의 마지막 역사는 혁련발발이 세운 대하였다.

오르도스는 지나가 진이었던 무렵부터 오호십육국시대까지 흉노와 함께한 땅이다. 그곳에서 태어나 자란 내가 흉노를 소

| 사진 4 |
오르도스 북부 초원에서 출토된 흉노의 왕관. 중국의 중요문화재로 지정돼 있다.

중하게 여기는 건 고향을 생각하는 것만큼 당연한 일이다. 실제로 인접한 중국 산시성陝西省의 중국인은 우리 몽골인을 '흉노'라고 부르기도 한다. 중국 북부의 중국인도 몽골인을 흉노의 후예라고 생각하고 있다.

그런 흉노가 오르도스에 남긴 문화는 곳곳에서 발견된다. 가장 유명한 것이 기원전 3세기의 왕관이다. 황금으로 만들어진 왕관의 위쪽은 유목민이 신성시하는 독수리가 자리 잡고 있다.(사진 4) 내가 초등학교에 입학한 해이자 문화대혁명이 한창인 때인 1972년에 발굴되었다. 당시는 정치적으로도 경제적으로도 역사상 가장 암흑의 시대였기 때문에 대대적으로 보도되지는 않았다. 그러나 주위 어른들이 흥분한 기색으로 "고대 훈누의 훌륭한 왕관이 발견됐다"고 우리 조상을 자랑스러워하면서 이야기한 장면을 똑똑히 기억하고 있다. 내 고향의 몽골인 사회 안에서도 흉노족, 즉 훈누가 몽골에서 발전했다고 인식한다. 자랑스러운 선조의 왕관은 현재 중국의 중요문화재가 됐다.

일본의 역사학자들은 흉노가 투르크계인지, 몽골계인지 논의하지 않는다. 그러나 흉노를 몽골민족의 조상으로 간주하는 사관은 최근 몽골에서도, 내몽골 자치구에서도 점점 뚜렷해지고 있다. 2003년 몽골에서 출판된 다섯 권의 책『몽골국사』와 2004년 랴오닝遼寧민족출판사에서 몽골어와 한어로 출판한 『몽골족통사』(몽골어 6권, 한어 4권)는 이러한 역사관을 바탕으로 서술한 책이다.

흉노의 흔적은 만리장성의 건너편 산시성陝西省에도 남아 있다. 흉노와 용맹하게 싸웠던 지나의 몽염蒙恬과 부소扶蘇의 무덤이 쑤이더현綏德縣에 있다. 몽염은 진나라의 무장이며, 부소는 진시황의 장남이다.

오르도스가 지나와 대치하는 최전선 역할을 했던 것은 두만頭曼(투멘)과 묵돌冒頓(보크토쓰)이 재위할 때였다. 기원전 209년까지는 군주(선우)의 자리에 두만이 올랐고 기원전 209년부터 기원전 174년까지는 두만의 장남 묵돌이 재위하던 시대였다. 투멘은 투르크어와 몽골어로 만万을 의미하고, 보크토쓰는 영웅(바토르) 또는 신성神聖(보그토)를 의미한다는 견해가 있다.(사와다, 앞의 책)

두만이 자식인 묵돌에게 암살된 흥미로운 이야기도 있다. 묵돌은 친위대에 자신이 적시鏑矢(소리가 나는 신호 화살)로 가리키면 망설임 없이 그곳을 향해 화살을 발사하도록 훈련했다. 한번은 묵돌이 적시로 애마를 가리켰다. 친위대원 대부분 화살을 쏘았으나 그렇게 하지 않은 사람도 있었다. 유목민은 말을 중시한다. 그러니 아무리 명령이라고는 하지만 몇몇은 지도자의 애마를 향해 화살을 쏠 수 없었다. 그러자 묵돌은 명령을 따르지 않았다는 이유로 그 친위대원들의 목을 베어버렸다. 또 다른 날엔 묵돌이 적시로 애처를 가리켰다. 이때도 화살을 쏜 사람과 쏘지 않은 사람이 있었다. 활을 쏘지 않았던 자들은 참수됐다. 그리고 마침내 묵돌은 아버지인 두만을 적시로 가리켰다. 이때는 단한 사람도 주저 없이 두만을 향해 화살을 쏘았다.

묵돌이 선우가 되고 나서도 진秦과의 공방에서 일진일퇴가 이어졌고, 흉노는 오랫동안 만리장성 북쪽에서 활동했다. 그 결과는 우수한 문화 유물로 남아 있다. 그 유물을 연구해서 세계적으로 알려진 학자가 에가미다. 그의 「유라시아 고대 북방문화—흉노문화 논고」를 보면 연구 성과가 잘 정리돼 있다. 에가미에 따르면, 기원전 5세기부터 서기 3세기에 걸쳐 동쪽으로는 몽골 고원에서 서쪽으로는 도나우강에 걸쳐 형성된 공통문화가 있었다고 한다. 에가미는 그것을 '스키타이·시베리아·오르도스식 청동기문화'라고 정의했다.

스키타이는 동쪽에서 서쪽으로 향했다

헤로도토스 『역사』에 남은 기록

제2장에서 언급한 '미누신스크문화' 이후에 발흥한 것이 '스키타이문화'다.

흉노에 앞선 스키타이시대의 유적으로는 러시아 투바공화국의 아르잔 고분이 유명하다.(사진 5) 지름은 120미터, 쌓인 돌의 높이는 4미터에 달하는 이 고분에서는 300마리나 되는 말을 제물로 바친 흔적이 발견됐다. 이 제물을 매장이나 공양 의식에 참가한 사람들이 먹은 것으로 추정하면, 만 명 정도의 사람이 모였다는 이야기가 된다.(후지카와 시게히코 엮음, 앞의 책) 막강한 권력 아래 대규모로 의식이 거행되었을 것이다.

| 사진 5 |
러시아 투바공화국
에 있는 아르잔 고
분 발굴터.

아르잔 고분에서는 사슴돌의 파편도 발견됐다. 사슴돌을 건축 재료로 사용한 흔적이다. 이를 고려하면 아르잔 고분은 사슴돌이 세워진 시대보다 나중에 만들어졌을 것이다. 유라시아 고고학자 다카하마 슈高浜秀는 후지카와가 엮은 『중앙유라시아의 고고학』에서 아르잔 고분의 사슴돌에 새겨져 있는 사슴 문양은 '초기 스키토·시베리아 동물 양식'으로 분류하며, 고분이 축조된 시기보다 앞서 스키토·시베리아 동물 문양이 생겼다고 지적한다. 이어 스키타이문화로 대표되는 초기 유목민문화는 흑해 연안보다 먼저 남시베리아에서 만들어졌고, 이후 흑해 연안을 포함한 각지로 파급됐다고 주장한다.

아르잔 고분에서는 다양한 문물이 발견되고 있는데, 그중에는 기원전 9세기에서 기원전 8세기에 만들어진 오르도스식 청동기도 있다. 여기엔 동물이 원을 그리듯 몸을 구부린 모습이 재현됐다. 이것과 매우 유사한 청동기가 흑해 북쪽 연안의 크리미아에서도 발견된다. 기원전 6세기 후반에 만들어진 것으로, 이 역시 동물이 몸을 둥글게 말고 있다. 동쪽으로는 몽골 고원에서 서쪽으로는 흑해 연안까지 똑같은 단검 등의 무기류가 발견됐고 마차, 마구류에서도 유사성을 발견할 수 있다. 고고학적 출토품의 유사성과 그것들이 만들어지고 사용된 시대의 차이는, 흉노가 등장하기 전의 유목민, 즉 스키타이문화가 남시베리아에서 성립한 이후 서쪽으로 전파됐음을 나타낸다. 실제로 고대 로마의 역사가 헤로도토스는 저서『역사』에서 '스키타이는 동방으로부터 출현했다'고 기록했다. 스키타이도 동쪽에서 서쪽으로 향했다. 그 뒤 등장하는 흉노도, 나중에 다른 장에서 언급할 투르크도 동쪽에서 서쪽으로 향했다.

현재 스키타이의 유물을 가장 많이 소장하고 있는 곳은 러시아의 에르미타주 미술관이다. 에르미타주 미술관은 15세기에서 20세기까지의 서양화를 볼 수 있는 곳으로 널리 알려져 있는데, 한구석에 흑해·스키타이 유목민 컬렉션 코너도 적막하게 마련돼 있다. 러시아가 제국이었을 때 유라시아 각지에서 고고학적으로 조사하고 수집한 유물이 전시된 것이다. 많은 관광객이 서양화 코너에 모여들지만, 나는 고요하고 적막한 '시베리아·흑해 컬렉션' 전시장에서 유목 문명의 문물을 보는 게 좋다.

시베리아 남부, 알타이 산맥의 북부에 있는 파지리크 고분

은 1호부터 5호 고분까지 있으며, 그곳에서 출토된 것들도 에르미타주 미술관에 있다. 출토품의 대표적인 예는 마차다.(사진 6) 앞 장에서 언급한 것처럼, 마차가 지나에 전해진 것은 꽤 나중의 일이었다. 그러나 시베리아에서는 상당히 일찍부터 서방에서 초원 루트를 통해서 마차가 들어왔으며 바퀴와 차축에는 주로 청동기를 사용했다.

　파지리크 고분의 출토품 중에 기하학 모양을 누벼서 붙인 펠트 아플리케도 상징적이다. 남시베리아의 유목민이 사용하던 것으로, 서쪽 페르시아 융단의 영향을 받은 게 확실하다.(사진 7) 이는 페르시아와 문화 교류가 활발하게 이루어지고 있었던 증거라고 할 수 있다.

　파지리크 고분 2호에서 출토된 다른 안장 덮개의 펠트 조각에는 그리핀이 양을 공격하는 모습이 자수로 놓여 있다.(사

| 사진 7 |
파지리크 고분에서 출
토된 펠트 아플리케

진 8) 그리핀은 상반신은 독수리, 하반신은 사자인 신화 속 동
물이며, 이집트에서 시리아에 이르는 오리엔트가 발상지다.
일반적으로 말하는 파지리크 고분은 오리엔트에서 발상된
그리핀이 발견된 가장 동쪽의 고분이다. 고고학자 하야시 도

| 사진 8 |
파지리크 고분 2호
에서 출토된 안장
덮개.

시오^{林俊雄}는 '이것은 고대 그리스 양식의 그리핀이 갖는 특징
이며, 아케메네스왕조 양식에서는 전혀 보이지 않는 특징이
기도 하다'고 분석한다.(하야시 도시오,『그리핀의 비상』)

　기원전 450년부터 기원전 426년까지의 파지리크 2호 고분
에서는 남녀 시신 2구도 출토됐다. 파지리크는 영구 동토층에
있어서 발견된 시신 모두 냉동 상태로 발굴됐다. 이 고분에서
는 사람 뼈도 출토됐다. 흥미로운 사실은 몽골로이드나 코카소
이드(백색 인종) 등도 구별 없이 출토되는 데 있다. 이 시대에는
몽골로이드나 코가소이드 모두 유목민이라면 같은 문화를 향
유하고 있었다. 인종, 외모, 언어가 달라도 사람들은 공통된 가
치관으로 연결돼 있었다. 스키타이의 가치관을 가지고 있으면
그 사람은 스키타이인인 것이다. 이런 사고방식은 흉노시대에
이르러서도 변하지 않았다.

파지리크 고분에서 발견된 후 에르미타주 미술관에 전시된 미라(남성 시신)의 팔 부분에는 문신이 있다.(사진 9) 하야시는 그 문신을 그리핀이라 해석하고 있다. 아케메네스왕조 페르시아의 특징과 그리스풍의 문양이 혼합된 그리핀이라고 한다.

이 출토물의 특징을 볼 때 하야시는 '파지리크의 연대를 기원전 4세기라고 가정할 때 그리스적 요소는 페르시아를 통하지 않고 흑해 북쪽 연안에서 초원 지대를 통해서 알타이까지 왔다'고도 말한다.(하야시 도시오, 『흥망의 세계사 02 스키타이와 흉노 유목 문명』)

이 시대에 '오르도스·스키타이·시베리아식 청동기'가 광범위하게 전해졌다고 이미 언급했는데, 그리핀 디자인도 마찬가지다. 역시 스키타이시대에는 유라시아 초원의 동쪽에서 서쪽까지 유목민이 고안하고 개량을 거듭한 단검 등의 무기류와 마차 장비, 동물 문양의 예술품처럼 균질성이 매우 높은 고도

의 문화가 발달했음을 확인할 수 있다.(에가미 나미오, 『유라시아 고
대 북방문화』)

이 웅장한 유라시아 규모를 배경으로 해서 등장하는 것이 흉
노이며, 이들은 오랫동안 고대 지나와 관계를 맺는다. 흉노가
남긴 유적 중에는 노인울라 ^{NoinUla} 고분군이 있다. 몽골 고원 북
부, 수도 울란바토르 북쪽에 있는 삼림에 있는데 이 지역은 시
베리아와도 가깝다. 흉노는 초원민이기도 하지만, 삼림민이기
도 했다.(사진 10) 유목민은 북쪽 유라시아 전체에 존재하고 있었
던 것이다. 노인울라의 '노인'은 영주, '울라'는 산을 의미한다.
몽골 사람들은 발굴 전에 이미 '영주의 산'이라고 부를 정도로,
이 숲속에 신성한 인물의 고분이 있다는 사실을 알고 있었다.

이 고분에서는 흉노가 사용하던 유물이 다수 발견되고 있다.
예를 들면 그리핀 장식이 있는 펠트가 있다.(사진 11) 또한 칠이

배漆耳杯(양쪽 손잡이가 달린 옻칠 잔)도 함께 발견됐는데 그 잔의 아래쪽에는 '건평 5년建平五年'으로 시작하는 글이 새겨져 있다. 이것은 한나라 연호로 기원전 2년에 해당한다. 따라서 이 고분은 흉노의 오주유약제烏珠留若鞮 선우가 죽은 뒤인 서기 13년쯤 축조된 것으로 추정된다.(사와다 이사오, 앞의 책) 흉노의 군주 선우는 한나라의 칠이배와 페르시아 문양 모두를 사랑했다.

흉노와 훈은 한 뿌리, 같은 민족인가

시베리아 브리야트 공화국 남부에 있는 지다강 유적에서도 흉노의 유품이 발견되고 있다. 이곳에서는 사람의 뼈도 발견되었다.(사진 12) 흉노는 도대체 어떤 얼굴을 하고 있었을까.

이와 관련해서는 에르미타주 미술관에 소장된 시베리아·흑

브리야트 공화국 남
부에 있는 지다강
유적. 나는 1997년
8월 12일에 이 유
적을 방문했다.

| 사진 13(상), 14(하) |
에르미타주 미술관
에 전시된 시베리아
남부에서 출토된 마
스크. 흉노와 그들
의 조상도 이런 얼
굴이었을까.

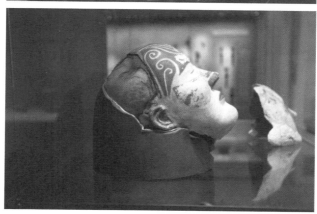

해 출토품인 마스크를 보길 바란다. 턱뼈가 튀어나온 얼굴이 전형적인 몽골로이드다. 다른 마스크는 문신을 했다. 스키타이가 팔에 문신한 것과 마찬가지로, 흉노도 얼굴에 문신을 했을 가능성이 있다.(사진 13, 14)

흉노는 단검도 많이 남겼다. 흉노시대의 단검에서는 종교적인 의미를 읽을 수 있다. 흑해 부근에서도, 일본 비와琵琶호 근처에서도 '오르도스식 청동기' 단검이 발견되고 있다.

그런데 이 많은 단검은 대체 무엇을 위해 만들어진 것일까.

에가미 등의 연구를 통해 흉노의 단검이 종교 의식에 사용됐다는 사실을 알아냈다. 용도는 스키타이에서 활용한 쓰임새와 같다고 주장한다.(에가미 나미오, 「경로도徑路刀와 사비師比」, 『유라시아 고대 북방문화』)

그들 연구자가 주목하는 것은 헤로도토스의 기록, 『역사』다. 헤로도토스에 따르면, 스키타이는 아키나케스라는 단검을 사용했다. 그 단검은 군신 아레스의 상징이기도 하며 나무를 쌓은 대 위에 모셔놓고 처형한 포로를 제물로 바치기도 했다.

고대 지나의 한문 기록을 보면, 흉노가 사용하던 단검은 경로도徑路刀라고 불렸다. 경로도는 받들어 모시는 신성한 대상이며, 에가미의 분석으로는 스키타이의 아키나케스와 흡사하다고 한다.

경로도를 모셨다는 증거는 지금도 몽골 고원에 존재한다고 에가미는 주장했다. 그는 몽골 고원 중 고지대에는 오보라고 불리는 나무와 돌을 쌓은 둔덕이 여러 개 있는데, 그곳에서 경

| 사진 15 |
무기를 모신 오보.
신장위구르 자치구
톈산 남쪽 산기슭에
있다.

| 사진 16 |
몽골 동부의 성지
오보.

로도를 모셨다고 추측한다. 오보는 몽골인이 옛날부터 숭배해
온 성지를 말한다. 지금까지 밝혀진 바에 따르면 인류학적으로
볼 때 확실히 무기류를 봉납한 오보도 있고, 단순한 돌무더기
도 있다.(사진 15, 16)

또 흉노가 각종 의례를 행했다는 기록은 지나의 『사기史記』
와 『전한서』「흉노전」에서도 찾을 수 있다. '5월에 농성籠城에서

많은 사람이 모여 그들의 조상, 하늘, 땅, 귀신에게 제사를 지
냈다. 가을에 말이 살찔 때에는 대림蹛林에서 많은 사람이 모여
사람과 가축의 숫자를 세었다'고 한다.

　대림은 둔덕이라는 뜻이고, '수를 세었다'는 것은 '수를 세어
과세했다'는 뜻이다. 확실히 대림이나 농성에서 존재했던 흉노
의 공공 제사에서는 후세의 몽골인이 개최하는 '오보 제사'와
공통된 요소를 발견할 수 있다.(사진 17) 또한 에가미는 앞서 언
급한 책에서 대림을 스키타이의 군신 아레스를 모신 둔덕이라
고 하면서 흉노와 훈의 뿌리가 같다는 결론을 내린다.

　에가미는 또 고대 지나의 기록 『위서魏書』와 서방의 문헌을
고고학적인 출토품과 맞춰보면서 기원전 4세기부터 서기 1세
기에 걸쳐 활약한 흉노가 서쪽으로 계속 이동해서 5세기 무렵
부터 아랄해나 카스피해 부근에서 출현했다고 판단한다. 그들

이 알라니족을 정복한 후 5세기가 되면 훈족으로서 아틸라의 지휘 아래 판노니아 평야에 나타나 유럽을 질주한다는 것이다. 아직 학설 중 하나일 뿐이지만, 양쪽에서 나온 출토품이 균질하니 단순히 환상에 머무르는 학설이 아님을 증명하는 증거라고도 할 수 있다.

흉노와 훈족이 한 뿌리, 같은 민족이라는 설에 관해서는 주로 유럽에서 부정하는 의견이 많이 들렸던 시기가 있다. 하지만 오늘날 고고학계에서는 흉노와 훈이 한 뿌리, 같은 민족이라는 설이 주류가 되고 있다. 같은 문화의 서쪽 끝에서는 북 흉노가 350년에 알라니족의 왕을 살해하고 그 나라를 빼앗았으며, 453년에 아틸라가 죽자 훈제국은 와해된다. 동쪽 끝에서는 서기 5세기에 혁련발발이 대하를 만들어서 오호십육국의 한 자리를 차지한다. 시대의 차이는 있지만, 흉노는 제국과 문화를 창조하고, 광대한 유라시아 대륙 전역에 자손을 남겨 온 것이다.

에가미가 흉노와 훈이 동족이라는 설의 근거로 삼는 출토품은 솥이다. 이것은 의식용 솥으로 여겨지며, 동쪽으로는 오르도스와 미누신스크에서 서쪽으로는 헝가리에 걸쳐 넓게 분포한다.(사진 18) 에가미의 가르침을 받은 하야시는 논문

| 사진 18 |
신장위구르 자치구 알타이 지역에서 출토된 솥.

「훈형 솥」에서 다음과 같이 말하고 있다.

'훈형 솥의 발전·전파 상황은 곧 흉노의 일부가 서쪽으로 이동해
서 훈이라는 이름으로 알려지고, 북카프카스 흑해 연안, 도나우강
유역에서 활동했다는 것을 증명한다고 할 수 있지 않을까. 1~2세
기쯤 몽골 고원에 있던 흉노의 일부가 2~3세기에 중앙아시아 북
부로 이동해서 한동안 그곳에 머물러 있었다. 세력을 모으고 있
었을지도 모르고, 현지 유목민과의 융합이 이뤄지고 있었을지 모
른다. 그리고 4세기 후반에 강대해진 그 세력이 단숨에 초원 지대
서쪽으로 진출한다는 구도를 그린 게 아닐까.'

이 견해 역시 『위서』가 뒷받침한다. 예전에는 흉노와 훈이
한 뿌리, 같은 민족이라는 설이 그저 몇 가지 설 중 하나였지
만, 지금은 출토품 증가와 문헌의 재해석에 따라 유력한 학설
로 떠오르고 있다.

흉노는 기원전 318년에 지나 역사에서 처음으로 등장했고,
서기 453년에 서쪽에서 훈제국이 붕괴되었다는 기록이 있다.
오르도스의 땅에서 혁련발발이 대하를 건국한 것은 407년이
니 흉노는 600년 이상 유라시아의 동쪽과 서쪽에서 균질적인
문화와 문명을 조성하는 중요한 역할을 했다.

같은 기간의 지나를 살펴보면, 빈번하게 왕조가 바뀌었다.
황제의 성이 변하는 역성혁명(고대 지나에서 유교 사상을 기초로 한

오행 사상 등을 통해 왕조 교체를 설명한 이론)이 계속됐다. 그동안 우리는 자칫 이 600년 동안의 지나의 연호를 암기하는 데만 열중해서, 그 근처에서 600년 동안이나 계속된 유목문화와 문명에 너무 무관심했을 수도 있다. 문화와 문명에 우열은 없지만, 너무 만리장성의 남쪽만 편중해서 유라시아 대륙을 이해하려고 했던 것은 아닐까.

만리장성의 남쪽, 즉 지나의 기록에 따르면, 흉노는 야만인이며 '지나 북쪽의 소수민족 중 하나'라고 여겨져 왔다. 그러나 흉노는 고대 지나의 소수민족이 아니다. 고대 지나의 북부에만 존재하고 있던 민족이 아니라 흑해 방면과 로마제국에도 큰 영향을 미치던 세계적인 민족이다. 몽골 국립 역사민족박물관의 전시를 보면 일목요연하게 알 수 있는데, 몽골인은 흉노를 자신의 선조라고 보고 있다. 이것은 국가 사관인 동시에 민족의 공통된 인식이기도 하다. 지금도 몽골 고원에서 말을 타는 유목민은 흉노를 자신의 조상이라고 여기고 있다. 그리고 흉노나 몽골 모두 지나인과는 혈연으로나 문화적으로 전혀 관계가 없다고 생각하고 있다.

흉노시대의 지나

전혀 다른 여성관과 종교관

흉노와 지나의 가치관 차이는 여성을 둘러싼 일화를 통해서도 알 수 있다.

한나라 황제 유방이 죽은 뒤 미망인인 여태후呂太后가 실권을 쥐고 있었다. 그녀에게 흉노의 군주 묵돌이 편지를 보낸다. 자신은 독신이며, 여태후 또한 독신이 됐으니 인연을 맺지 않겠느냐고 제안한 것이다. 편지를 읽은 여태후는 격노해 흉노에 군대를 보내려고 했던 모양이다. 그러나 묵돌의 행동은 유목민에게는 당연한 일이며, '여성을 만나면, 말을 걸지 않으면 실례'라는 문화의 표현이었다.

한편 그 뒤 한나라 황제들은 장한가長恨歌에 나오는 것처럼

후궁 3,000명 체제를 갖췄다. 폐쇄된 공간에서 자신을 섬기는 여성을 모두 아내로 삼은 것이다. 그러나 역시 3,000명은 너무 많았다. 그래서 화가에게 3,000명의 초상화를 그리게 하고 가장 아름다운 여성부터 만나기로 했다. 여자들 중에서는 실물보다 예쁘게 그려달라며 화가에게 뇌물을 준 사람도 많았지만 왕소군王昭君만큼은 화가와 전혀 상대해주지 않았다. 왜냐하면 왕소군은 절세미녀였기 때문이다.(사진 19) 그러자 뇌물을 받지 못한 화가가 일부러 왕소군을 못생기게 그려서 한나라 황제가 왕소군에게 말을 거는 일은 없었다.

이 시대의 한나라 입장에서는 흉노가 국가의 존망을 위협하는 막강한 존재였고, 한나라 황제는 공물을 바치면서 휴전 상태가 지속되길 바랐다. 공물은 차와 실크, 여성이었다. 한나라 황제는 미녀를 바치고 싶지 않아서 후궁의 그림을 살펴보던 중에 왕소군을 공물로 바치기로 했다. 이후 흉노의 군주가 왕소군을 맞이하러 왔을 때, 한나라 황제는 왕소군의 얼굴을 처음으로 보고 후회했다고 한다. 그리고 선우와 왕소군이 떠난 뒤 화가를 참수했다. 한나라 황제가 발을 동동 구르며 몹시 분해할 만큼 왕소군이 아름다웠다는 이야기다.

내가 생각하기엔 왕소군은 흉노의 선우와 결혼해서 오히려 기쁘지 않았을까 싶다. 흉노도 한나라와 마찬가지로 일부다처제 사회였지만, 아내들이 후궁처럼 갇혀 살진 않았다. 아내들은 초원에서 각각 천막식 궁전을 소유하고 있었으며, 선우는 후세 몽골의 칸처럼 아내의 허락을 받고 그 천막을 방문했다. 아내는 기분이 내키지 않으면 선우의 방문을 거절하기도 했다.

왕소군은 흉노의 땅에서 생애를 마쳤다. 그녀의 무덤으로 추정되는 고분은 내몽골에 2개가 있다. 내몽골 자치구의 수도 후허하오터시 근교에 하나가 있고, 오르도스의 동부 다라터기 영내에 하나가 있다. 무덤이 여러 개 있다는 것은 유목민들도 흉노인이 된 왕소군을 사랑했다는 이야기다.

왕소군의 무덤으로 추측되는 고분은 모두 청총靑塚이라고 불리고 있다. 사와다는 이 명칭에 대해 다음과 같이 분석하고 있다.(사와다 이사오, 앞의 책)

'이 명칭은 왕소군이 죽은 뒤 그녀의 무덤에서 나는 풀은 흉노의 땅에 나는 흰풀이 아니라 한나라의 땅에 나는 푸른풀이었다는 이야기에서 유래했다. 이 이야기는『금조^{琴操}』에 전해져 내려온다.'

『금조』는 후한 말의 지식인이 쓴 '비원의 서'로 중국인 여성을 '야만적인 흉노'에게 시집보낸 일을 원망한 서적이다. 지나인은 흉노의 거주지인 몽골 고원을 흰풀이 자라는 불모지로 그리고 있지만, 이것은 오해와 중상이다. 푸른풀도 바람이 불면 흔들려서 흰 뒷면이 눈에 띄기 마련이다. 하얗게 보이는 초원이라고 불모지, 황무지는 아니다.

지나인에게 자기 민족의 여성을 강대한 다른 민족에게 바치는 행위는 굴욕의 역사였을 것이다. 그러나 오늘날에는 왕소군을 흉노에 시집보냈기 때문에 "흉노도 오래전부터 우리나라의 북방 소수민족이며, 몽골 고원도 우리나라의 영토다"라고 말한다. 이에 대해 문화인류학자인 캠브리지대학 우래딘 블래그^{Uradyn E. Bulag} 교수는 "역사상 다른 민족과 결혼한 중국 여성은 (중국의) 영토 주장의 무기가 되고 있다"고 설파하고 있다.

또한 그들 지나인은 한나라 때 흉노뿐만 아니라, 당나라 문성^{文成} 공주가 티베트왕에게 시집간 사실을 들고 나오면서 "티베트는 오래전부터 지나의 영토였다"라고 망상하고 있다. 그 티베트왕이 네팔에서도 왕비를 맞이한 사실은 무시하면서까지 말이다.

흉노와 지나는 정신세계가 근본적으로 다르다. 흉노가 서방

의 유목민과 같은 가치관을 갖고 균질적인 문화를 구축하고
있었을 때, 흉노와 대치하고 있던 지나는 과연 어떤 가치관을
가지고 있었을까.

흉노시대의 지나 도교

같은 시기 지나에서는 도교가 융성하고 있었다. 종교학자들 가
운데는 도교는 종교가 아니라고 말하는 사람도 있지만, 종교민
속학자 구보 노리타다窪德忠(도쿄대학 명예교수)처럼 도교가 중국 기
원의 유일한 종교라고 주장하는 사람도 있다.(구보 노리타다, 『중국
종교의 수용·변용·운용─도교를 축으로』) 도교는 애니미즘과 신선사
상에 '수많은 신을 모시는 신앙'을 도입한 종교로(사진 20) 이를
믿으면 불로장생할 수 있다는 주술적인 요소가 매우 강하다.

| 사진 20 |
중국 북부 산시성陝
西省의 도관 안에 있
는 벽화. 수많은 신
이 그려져 있다.

구보에 따르면 도교는 '철학적인 도사의 도교'와 '실질적인 민중의 도교'가 있다. 선인(道士)이 말하는 도교는 교학(우주의 생성)과 방술(점술·주술), 의술(연단·장수), 윤리(계율·기도)로 이뤄졌다. 선인 도교와 비교하면 민중 도교는 매우 원시적이다. 악귀나 귀신을 퇴치한 사람이 신이 된다고 생각한다. 민중 도교의 신은 권력자에게 살해된 어디의 누구라든지, 시어머니에게 괴롭힘을 당하고 자살한 어느 집 며느리처럼 매우 구체적이다.

민중 도교에는 여러 도파가 있고, 각각의 도파에 교조가 있다. 그 교조가 모셔진 곳이 조사묘(祖師廟)이며, 중국 곳곳에서 볼 수 있다.(사진 21) 오르도스 고원의 남쪽, 만리장성의 바로 북쪽에 있는 조사묘는 신농씨(神農氏)를 모시고 있다. 신농씨는 약왕 또는 염제라고도 한다. 신농씨의 상(像)이 식물을 입에 대고 있는 건 생전에 약초와 황초로 가공할 수 있는 식물을 구별했다

| 사진 22 |
중국인의 조사묘 안
에 있는 신농씨의 상.

| 사진 23 |
대만의 천후궁. 여기서 천후는 마조다. 사원의 용이 날아오른다.

는 전설 때문이다.(사진 22)

중국과 대만에서 도교 사원은 도관道觀이라고 부른다. 용을 본뜬 상이 많이 설치되는 것은 용이 초자연적인 물의 수호신이기 때문이다.(사진 23) 마조媽祖 역시 도교에서 많이 섬기고 있다. 마조는 항해 안전의 여신이며, 원래는 10세기 후반의 푸젠성에 살았던 임林 씨 무녀였다.

어느 날 무녀가 혼수상태에 빠져 어머니가 흔들어 깨웠다. 깨어난 무녀는 아버지와 오빠가 타고 있는 배가 난파해서 그들을 구해주려고 기도했다고 답했다. 아버지는 구했지만, 어머니가 방해했기 때문에 오빠는 구해주지 못했다고도 했다.

이후 그녀의 꿈은 현실이 됐다. 배가 항구로 돌아오니 아버지는 무사했지만 오빠는 죽어 있었다. 이 일화의 주인공 마조

| 사진 24 |
| 사진 24 |
대만의 천후궁 안에
있는 마조.

| 사진 25 |
도교의 신이 된 관
음보살. 대만의 수도
타이베이에서 볼 수
있는 종교적 풍경.

가 몽골인의 원나라에서는 '천비天妃', 만주인의 청나라에서는
'천후天后'로 각각 봉호를 하사받아(사진 24) 격식이 한층 높아졌
다.(구보 노리타다, 『도교의 신들』) 매우 구체적이며 민간 신앙의 성

격을 띤 도교의 신을 정치화한 것이다.

　도교의 신 중에는 관음보살도 있다.(사진 25) 보통 관음보살이라고 하면 불교를 떠올리는데, 도교는 불교의 신까지도 받아들이고 있다.

　그렇다면 왜 도교는 하필 이 시기에 지나에서 생겨났고, 널리 퍼졌을까.

　도교가 생겨난 시기에 지나에는 이미 전제 정치에 대한 불신이 퍼져 있었다. 왕조는 어지럽게 계속해서 바뀌고, 생활도 불안정했다. 당시 사람들은 악귀나 악령에서 원인을 찾았고, 그것을 퇴치하면 누구라도 신이 될 수 있었다. 악을 진압한 자가 신이 되는 셈이었다.

　흉노가 서쪽으로 향하고 있던 2세기에는 도교가 교단으로 조직된다. 화북에서 장각張角이라는 인물이 '태평도太平道'라는 조직을 설립했다. 태평도는 인구 과잉과 곤궁을 배경으로 도시 빈민층에서 비밀결사로 퍼져 나갔다. 결사의 구성원은 서로 숙소와 음식을 제공하며 단결했다. 서로가 구성원인지는 암호로 확인했다고 한다. 장각은 184년에 구성원으로 군대를 조직해서 정부에 맞서는 황건의 난을 일으켰으나 한나라에 제압됐다. 태평도와 더불어 알려진 '오두미도伍斗米道'도 역시 2세기에 발흥했는데, 장소는 지나 동남부 장쑤성江蘇省이다.

　이 시대 지나에서는 유교의 국교화도 시작되었다. 그러나 당시 유교는 한문을 읽을 수 있는 엘리트만의 전유물이었고, 지나 서민의 종교는 구전되던 도교였다.

도교에 내포된 사람이 죽어서 신이 된다는 믿음은 흉노와 스키타이에는 거의 찾아볼 수 없다. 흉노는 샤머니즘적인 신앙을 가지고 있었다. 같은 가치관과 문화를 가지고 있던 스키타이도 마찬가지일 것이다.

유목민 사회는 실력 사회다. 평등한 사회라고 바꿔 말할 수도 있다. 토지는 개인이 소유할 수 없기 때문에 부동산이란 재산이 없다. 따라서 부동산 소유 여부로 발생하는 극단적인 빈부격차도 없다. 빈부와 귀천의 차이는 없고, 실력의 차이가 있을 뿐이다. 실력이란 '얼마나 멀리까지 가서 널리 세상을 보고 지식을 얻었느냐'로 결정된다. 부유함보다 지식이 중시되는 것이 유목민 사회다.

물론 지식에 따라 유목민 사이에서도 권력자는 탄생했다. 그러나 그 권력자는 선거를 통해 선출됐다. 선우와 카간^{可汗}(칸)은 특정 가계에서 세습되는 것처럼 보이지만, 친부를 살해한 묵돌조차도 선거를 거쳐서 선우의 지위에 올랐다.

이와 달리 지나에서는 도교의 탄생 배경에서 본 것처럼 피라미드형 권력이 존재했다. 그리고 그에 따르지 않겠다고 결심한 비밀결사적인 종교 단체가 생겨났고, 지하에 저항의 뿌리를 내렸다.

종교학자 기시모토는 지나의 가치관은 현세적이라고 지적한다. 이 세상, 다른 말로 하자면 오늘의 자신을 위해 살아가고

저쪽 세상, 장래, 타인을 위해 살아가지는 않는다.(기시모토 히데오^{岸本英夫} 편, 『세계의 종교』) 불로불사는 자신을 위한 것이며, 현세에서 부를 추구해서 일단 부가 손에 들어오면 이를 독점하려고 한다. 흉노가 지나와 페르시아를 공격해서 얻은 전리품을 평등하게 분배한 것과는 대조적이다.

파룬궁과 도교의 유사성

도교의 정신은 현대 중국에도 스며들어 있다.

중국의 가정에서는 일반적으로 설날이 되면 집 안에 포스터를 붙이곤 한다. 거기에는 복록수^{福祿壽}의 그림이 그려져 있다. 복록수는 불로불사의 상징이다. 또 인민폐도 그려져 있다. 거기에 담긴 염원은 '재원광진^{財源廣進}'인데, 현세에서 금전적으로 풍요로워지자는 뜻이다.

파룬궁^{法輪功}은 장쩌민^{江澤民} 총서기의 시대에 등장한 '도교'다. 기공으로 몸을 단련하는데, 목표는 역시 불로불사다. 발흥된 배경에는 의료 복지 제도의 미비와 빈부격차가 존재한다. 장쩌민이 실권을 쥐고 있던 시대의 중국은 만인 평등이라는 환상 속 사회주의 경제가 거의 붕괴돼서 서민은 병원에 가고 싶어도 가지 못하는 상태에 이르렀다. 빈곤한 이들에게는 별다른 방법이 없었기 때문에 건강을 유지하기 위해 스스로 노력하기 시작했다. 그것이 기공이었다.

| 사진 26 |
도교풍의 여러 신처
럼 그려진 중국의
지도자들. 마오쩌둥
을 비롯해 덩샤오핑
과 장쩌민, 후진타
오에 이어 시진핑에
이르기까지 신격화
되고 있다. 그리고
톈안먼天安門은 신전
이 됐다.

파룬궁은 건강을 위한다는 명목으로 설파되며 현대 중국의
비밀결사적인 존재로 성장했다. 2세기에 태평도나 오두미도
와 같은 이유로 파룬궁이 태어나고 민중의 지지를 얻자 똑같
이 당대의 권력자로부터 억압받았다. 그러나 중국의 지도자들
은 부분적으로는 도교를 염두에 두고 자신을 위해서라면 도교
에도 매달렸다. 리즈수이李志綏가 『마오쩌둥의 사생활』에서 기
록한 것처럼 공산주의자인 마오쩌둥은 소녀와 성행위를 하면
불로불사가 된다는, 도교에서 전해지는 이야기를 굳게 믿고 실

천했다. 그 마오쩌둥이 서민에게 '마오쩌둥 만세'라고 외치게 한 것은 개인숭배다.(사진 26) 그는 사후에도 신격화돼서 '마오쩌둥 기념당'이라는 공산주의풍의 사원에 모셔져 있다. 이런 지도자들의 모습 역시 현대 중국에서만 보이는 독특한 특징이 아니다. 옛날에 진시황도 불로장생의 약을 손에 넣어 신이 되려고 했는데, 그것과 일맥상통하는 사상의 표현이다.

중국에서 지도자는 자기 자신의 행복을 위해 도교를 이용하지만, 도교에 매달리는 일반인의 불만을 해결하려고 하지는 않는다. 정교일치는 기본적으로 성립하지 않는다. 한편 3대 종교(불교, 기독교, 이슬람교)는 모두 정교일치를 경험했다. 특히 고대 유럽에서는 정치와 종교가 함께 서민의 불안과 경제 문제를 해결하려고 했고, 근대 이후에 정치와 종교를 분리한 것이다. 그러나 중국은, 그리고 중국인들은 종교를 통해 서민의 고난과 내세의 행복을 해결하려고 하지 않았다.

제4장
당나라는 '한족'의 국가가 아니었다

위구르

당

티베트

8세기경

중앙유라시아의 투르크화

투르크제국과 당나라의 역사적 관계

6세기에서 10세기에 걸쳐 중앙유라시아는 동쪽의 초원 지역부터 '투르크(터키)화'하고, 서쪽의 아라비아 세계부터 '이슬람화'했다. 역사학자 우메무라 히로시梅村担는 다음과 같이 설명하고 있다.(우메무라 히로시, 『내륙아시아사의 전개』)

'내륙아시아의 터키화는 일차적으로 말하면, 터키계 문화의 요소, 특히 언어가 확산한 것이다. 초원에서는 목초지를 이미 확보하고 있던 사람들에게, 오아시스와 도시에서는 선주자들 사이에 터키어가 침투해서 결국 우위에 서고, 사람의 이동에 따라 장기간 혼혈이 이뤄진 결과, 종종 신체적으로도 변화가 나타났다.'

여기서 말하는 '내륙아시아'는 지금까지 내가 말해 온 중앙 유라시아와 겹친다. '투르크화'는 언어 면에서 투르크어, 즉 터키계 언어로 말함을 뜻하며, '이슬람화'는 이슬람을 신봉하게 됐다는 의미다. 이 2개의 큰 파도가 거의 같은 시기에 광활한 초원과 오아시스를 석권했다고 보는 연구자도 있다.

오르도스에는 이 시기의 흔적도 남아 있다. 이 지역은 지진이 없기 때문에 무궁무진하게 펼쳐진 초원 안에 판축版築 기법으로 만든 성문의 흔적이 아직 남아 있다. 판축은 흙을 건축 자재로 이용해서 강하게 다지는 공법으로, 견고한 흙벽이나 건물의 기초 부분을 서서히 쌓는 건축법이다. 예를 들면 우리 집 근처에 있는 유주幽州의 성터도 판축 기법으로 세워진 도시였다.(사진 1)

유주는 당나라가 설치했던 육호주의 하나다. 당나라는 중앙 유라시아의 소그디아나 부근에서 옮겨온 사람들을 6개의 주에

| 사진 1 |
유주 고성古城.

나누어 살게 했는데, 그 여섯 주를 육호주라고 부른다. 육호주의 호胡, 호인胡人은 당나라의 서쪽('서역'), 중앙유라시아에서 이주해 온 사람들을 가리키며, '육주호'라고도 했다. 6개 주의 설치는 679년부터 시작되었는데 처음에는 노주魯州와 여주麗州, 함주含州, 새주塞州, 의주依州, 계주契州 등으로 구성됐으며, 738년에 유주有州를 신설했다.(모리베 유타카森部豊, 『소그드인과 동유라시아의문화교섭』) 주의 숫자는 시대와 함께 변했지만, 육주라는 명칭은 오랫동안 사용됐다.

내가 소년이던 시절, 생생한 기억의 한 페이지에는 유주 고성의 벽에서 놀고 있었던 장면이 있다. 몽골인은 유주 고성을 '보로 바라가슨', 즉 '갈색 폐성'이라고 부른다. 남북으로 끝없이 펼쳐진 대초원의 한가운데에 있고, 동쪽에는 작은 강이 남쪽으로 흘러서 샤라오소골강에 합류한다. 동쪽과 서쪽 모두 사막성 초원이 펼쳐져 있고, 그 사막 안에도 작은 호수가 여러 개 있었다. 3월의 봄이 되면 철새가 날아와서 잠시 머물다 북쪽의 몽골 고원으로 날아간다. 여름에는 소와 양, 말, 낙타 떼가 평원을 채운다. 서리가 내리는 가을이 되면 남쪽으로 향하는 사람 인人 형태의 기러기 떼가 푸른 하늘을 수놓는다.

그러나 1959년부터 갑자기 이주해 온 중국인 농민이 유주 고성 주변을 개간해서 농지로 바꾸면서 강이 사라지고 말았다. 땅속의 염분이 뿜어져 나와 주변의 초원도 점점 황폐해졌다. 중국인이 진출한 곳은 예외 없이 환경이 파괴된다.

호인의 호주胡州

이야기를 역사로 되돌리자.

당나라는 육호주를 기미羈縻 지배하에 두고 있었다. 기미는 '말의 고삐'를 의미하며, 고삐는 붙이지만 그것을 난폭하게 휘두르지는 않는다는 비교적 유연한 정책이었다. 현대 중국 공산당이 티베트와 내몽골, 위구르에서 하고 있는 강권적인 이민족 지배 체제보다 상당히 느슨한 지배 방법이다. 이 정책의 핵심은 각 부족장에게 당나라풍 관직과 작위를 주어서 간접적으로 유목민을 제어하는 데 있었다.

구체적으로 말하자면 그들은 소그드인이다. 소그드인은 원래는 파미르고원의 북서쪽에 있는 아무다리야강과 시르다리야강의 델타 지대, 그리고 소그디아나에 살던 고대 이란계(페르시아계) 사람들이다. 그들이 8세기 중반부터 몽골 고원으로 이주한 역사가 최근 모리베 등 일본의 역사학자들의 연구를 통해 밝혀졌다.

2009년 7월 5일 신장위구르 자치구의 수도 우루무치에서 중국 공산당 정부에 대한 대규모 시위가 발생했던 사실을 기억하는 사람도 많을 것이다. 지나인, 즉 중국인의 습격을 받은 위구르족이 봉기한 사건으로, 세계의 시선을 중국으로부터 독립하기를 바라는 이슬람계 민족에게 집중하도록 만들었다.

이 문제에 접근하기 위해서는 왜 이 지역을 중국 공산당 정부가 지배하고 있는 것인지 먼저 생각해봐야 한다.

말할 것도 없이, 위구르인은 이슬람을 믿는 투르크계 민족이다. 지나인과는 전혀 다른 민족이다. 현재 중앙아시아에는 많은 투르크계 사람으로 구성된 국가군이 있다. 카자흐스탄과 키르기스스탄, 우즈베키스탄, 투르크메니스탄, 아제르바이잔, 터키다. 그들은 모두 투르크계 언어를 구사하지만, 근대적인 국가가 형성되지 않은 건 위구르뿐이다.

현존하는 투르크계 국가군 안에서 거의 비슷한 투르크계 언어를 사용하게 된 데는 다음과 같은 역사적 배경이 있다.

6세기경의 투르크(한문 소양이 있는 지식인층 사이에서는 돌궐이라는 명칭이 더 친숙할지도 모른다)의 시골 중 초원에서는 유목이, 눈 녹은 물이 솟아나오는 오아시스 지대에서는 농경이 이뤄지고 있었다. 유목민은 투르크계, 농경민은 인도·유럽계 언어를 사용했다. 각각 사용하는 말은 투르크계와 인도·유럽계로 다르지만, 서로 의존하는 관계였다. 6세기에 투르크제국이 몽골 고원에서 중앙아시아에 이르는 유목 국가의 대제국을 건설했고, 이들의 보호 아래에서 소그드인은 적극적으로 동서 교역에 힘쓰고 있었다.

대지의 어머니신, 오투켄의 땅

투르크에는 투르크가 '오투켄^{於都斤}의 땅'에서 생겨났다는 전설이 있다. 『북사^{北史}』 「돌궐전」에도 '카간은 늘 오투켄산에 머문다'는 부분이 있기 때문에, 일본의 동양사학자들은 옛날부터 오투켄산이란 구체적인 장소를 찾아내서 특정 짓기 위해 열심히 노력해 왔다.

1991년 겨울 어느 날, 나는 오르도스에서 인류학적 조사를 하기 위해 한 노인의 집에 머물렀다. 한밤중이 됐을 때 그 노인은 "일본인 연구자들은 여성의 비부秘部도 모르는 거냐"고 농담을 했다.

"뭐라고요?"

나는 깜짝 놀라 그렇게 말한 이유를 물었다. 그러자 노인은 『내몽골 사회과학』의 몽골어판을 꺼내 보여주었다. 초원의 목축민이 학술지를 애독하고 있었던 것이다. 그리고 그가 읽고 있던 잡지에는 일본의 동양사학계의 어떤 중진이 쓴 「오투켄산은 어디인가」라는 논문의 번역이 게재돼 있었다.

오투켄은 몽골어로 어원적으로는 '여성의 비부'를 의미하며, 또한 '대지大地의 어머니신母神, 어머니인 대지'라는 뜻을 가진다. 몽골인민공화국이 낳은 위대한 학자로, 수십 개 나라 언어로 연구 성과를 발표해왔던 린친Rintchen이 편집한 샤머니즘의 텍스트에도 빈번하게 '대지의 어머니신 오투켄'이나 '신성한 어머니 불火 오투켄'을 칭송한 내용이 있다. '오투켄인 어머니에게서 태어난 인간'과 '하늘인 아버지, 어머니인 오투켄'이라는 표현도 등장한다. 고대 투르크 사람들도 샤머니즘을 신봉하던 시대가 있었기 때문에, 인간이 오투켄에게서 탄생했다는 이

| 그림 1 |
벨기에 왕국 스큐트 박물관이 소장한 몽골어로 된 옛날 배화제의 사본. 왼쪽에서 6, 7번째 줄에 '어머니인 오투켄'과 '오투켄의 불'이라는 표현이 있고, 2번째 줄에 '호르모스타 하늘'이라고 쓰여 있다.

넘을 가졌을 것이다.(그림 1)

노인은 "훈누도 투르크도 몽골도, 인간은 모두 오투켄에게서 태어나는 것이 아닐까"라고 나에게 말했다. 안타깝지만 인류학적인 지식을 동양사 연구에 활용하지 않았던 일본 대학자의 노력과 실패에 관해 초원의 노인이 이상하다고 이야기했던 게 나에게는 현지 조사에서 얻은 즐거운 추억으로 남았다.

최근 연구 동향에 따르면 투르크 사람들이 '오투켄의 땅'이라고 비유적으로 이해한 곳은, 몽골 고원 중앙부 항가이 산맥 부근을 가리킨다. 항가이는 몽골 고원, 아니, 유라시아 전체에서 가장 풍요로운 땅이기 때문이다. 유라시아 동서를 연결하는 '초원의 띠'를 문명사 속의 '유목 세계의 중원'이라고 표현할 정도로 이 땅이 중요했다.(스기야마 마사아키, 앞의 책; 고나가야 유키, 「지도로 읽는 몽골」) 널리 알려진 것처럼 중원은 고대 지나에서 '중흥의 땅'으로 여겨지는 장소이며, '천하의 중심'이라 생각할 만큼 중요한 땅을 가리킨다. 실제로 항가이 산맥과 그 주변은 흉노 때부터 대대로 유목민이 제국의 수도로 삼은 지역이다.

또 투르크에는 자신들의 조상이 늑대라는 전설도 있다. 몽골민족도 자신들은 푸른 늑대의 후손이라고 생각하고 있기 때문에, 늑대를 조상으로 섬기는 신화는 두 민족의 공통점이라고 할 수 있다. 신화는 인류의 원초적 사고의 결과다.(클로드 레비스트로스, 『신화와 의미』) 유목이라는 같은 생업을 영위하고, 공통된 신화 아래에서 태어난 투르크와 몽골은 문자도, 인종도 같은 민족이다.

'하늘인 아버지, 어머니인 오투켄.'

이 관념을 공유하는 투르크계 유목민도 몽골계 유목민도, 몽골 고원의 서부, 중앙유라시아의 등뼈인 톈산을 신성시한다. 톈산은 투르크어와 몽골어로 '텡그리Tengri 산과 텡게르Tengger 산이라고 한다. 텡그리나 텡게르는 하늘을 의미한다. 톈산이라는 중국어는 유목민이 사용하던 말을 고대의 지나인들이 그냥 직역한 것이다. 톈산이라는 말을 들으면 날카로운 봉우리를 상상할지도 모르지만, 대부분은 '고원'이며, 내부에 드넓은 초원이 펼쳐져 있다.

투르크인이 사는 지역으로, 서쪽에서부터 이슬람이 퍼져왔다. 가장 먼저 이슬람화한 것은 오아시스에 사는 농경민이었다. 유목민은 자유분방한 삶을 사랑하기 때문에 엄격한 종교적 실천에 힘쓰는 데 그다지 관심이 없다. 게다가 이동하면서 하루 다섯 번의 예배라니 어불성설이었다. 그래서인지 유목민들의 이슬람화는 농경민보다 더뎠다.

한편 유목민이 쓰는 투르크어는 중앙유라시아를 점차 석권해 나간다. 소그드인이 사용했던 고대 이란계 언어, 타클라마 칸 사막 주변의 오아시스 도시에 살고 있던 사람들의 고대 인도·유럽계 여러 언어, 동투르키스탄의 동쪽 끝에 있었던 지나인의 식민 국가에서 사용되고 있었던 지나어를 차례차례 투르크어로 바꿔놓았다. 이러한 투르크화는 보통 6세기부터 10세기에 걸쳐 완성됐다.

당나라는 '한족'의 것이 아니다

그 6세기부터 10세기까지의 흐름을 다시 정리해보자.

552년 귀족 아시나 씨를 중심으로 한 투르크가 당시 몽골 고원의 패자였던 몽골계의 유연柔然을 물리치고 투르크제국을 만들었다. 이것이 '투르크 제1 제국'이다. 초대 군주는 일리크伊利 카간이다. 카간은 나중에 칸으로 바뀌었는데, '황제'를 의미한다. 일리크 카간은 동쪽으로는 발해만에서 서쪽으로는 카스피해까지 대제국을 건설했다. 그 대제국은 583년에 일어난 내분으로 몽골 고원을 본거지로 하는 동투르크와 중앙아시아를 본거지로 하는 서투르크로 분열한다.

7세기 중반에는 두 나라 모두 당나라의 지배를 받았다. 오르도스에 앞서 언급한 육호주가 설치된 것도 이 무렵이다. 그러나 682년에 다시 투르크계의 사람들은 호, 호인, 즉 소그드계 사람들과 연맹해서 투르크의 아시나 씨를 앞세워 당나라에서

| 사진 2 |
울란바토르 근교에
있는 도뉴쿠크 비.

독립하는 데 성공했
다. 그들은 지금의 몽
골 고원에서 내몽골의
인산陰山 산맥에 걸쳐
조국을 재건하는데, 이
를 '투르크 제2제국'이
라고 부른다. 파미르의
동쪽에서 동투르키스
탄의 초석이 다져졌다.
제국 재건에는 호, 호
인, 소그드인이라는 비

즈니스 네트워크를 통해서 얻은 유라시아 규모의 풍부한 정보
가 큰 역할을 했다. 서투르키스탄도 이와 때를 맞춰 서서히 발
흥한다.(모리야스 다카오, 앞의 책) 이때 말하는 '투르키스탄'은 '투
르크인의 국토'라는 뜻이다.

　울란바토르 근교에서는 지금도 투르크 제2제국 때 만들어
진 비석을 찾아볼 수 있다. 한때 아시아를 향한 정치선전 방송
의 거점인 소련군 기지가 있던 곳 부근이다.(사진 2) 그 비석은
'도뉴쿠크 비'라고 불리는데, 도뉴쿠크는 투르크 제2제국 재건
의 주역이다. 당나라에 속박된 기간에는 지나풍의 아사덕원진
阿史德元珍이라는 이름을 썼으며, 당나라에서 가까운 오르도스에
감금됐던 인물이다.

도뉴쿠크 비에는 투르크문자, 현재는 룬문자라고도 불리는 문자가 새겨져 있다. 지금까지 확인된 바로는 이것이 몽골 고원에서 가장 오래된 유목민의 문자다.

비문의 내용은 대체로 '도뉴쿠크가 얼마나 용감하게 싸우고 고생하면서 당나라에서 독립하고, 투르크제국을 재건했는가'가 중심이다. 말하자면 도뉴쿠크 자신이 일인칭으로 평생의 전투 공적을 말하는 기공비記功碑다. 유라시아의 초원에는 영웅 서사시의 풍토가 있다. 민족의 영웅들이 각지에서 분전해서 국토를 지키고 사람들을 조직하는 데 성공했다는 이야기다. 도뉴쿠크 비문은 이 유목민 문학의 효시라고도 할 수 있다.

투르크 사람들이 자신들의 역사를 새긴 기념물은 울란바토르 서쪽에 있는 호쇼 차이담Khosho Tsaidam에서도 볼 수 있다. 호쇼 차이담은 몽골어로 '비석이 있는 초원'이라는 뜻이며, 말 그대로 고대 투르크의 선구자들이 남긴 비석이 우뚝 서 있다.(사진 3)

| 사진 3 |
호쇼 차이담에 서 있는 퀼 테킨 비.

오투켄산보다 좋은 곳은 없다!

호쇼 차이담에는 투르크 제2제국의 제3대 군주 빌게 카간의 동생인 실력자, 퀼 테킨의 무덤이 있고, 무덤 주변에는 비석이 세워져 있다. 이 비석에도 투르크문자가 새겨져 있다. 퀼 테킨이 투르크 백성에게 남긴 '세상을 깨우치는 말'이다.

'오투켄산보다 좋은 곳은 절대 없다.'

퀼 테킨의 비문에도 역시 '어머니인 대지 오투켄'을 칭송하고 있다. 비석이 있는 호쇼 차이담의 서쪽에는 오르홍강이 북쪽으로 흐른다. 강의 서쪽에 고대 위구르인의 도시들과 몽골제국의 수도 카라코룸이 있다. 항가이 산맥 안에서 '유목 중원'을 구체적으로 말하면 오르홍강 유역의 풍요로운 초원 지대였다. 퀼 테킨이 '영면의 땅'으로 선택해서 후세에게 '세상을 깨우치는' 유언을 남긴 곳도 오투켄이어야만 했던 것이다.

'타부가치安部可治의 백성은 말이 달콤하고, 실크는 부드럽다. 그들은 달콤한 말과 부드러운 실크로 속여서 먼 곳의 사람들을 가까이 오게 만든다. 다가와 정착한 뒤에는 나쁜 지혜를 쓴다. 달콤한 말과 부드러운 실크에 속아 많은 투르크 백성이 죽었다.'

타부가치는 탁발을 투르크어로 발음한 것으로 알려져 있다. 그럼 탁발이란 무엇인가. 원래는 유목민인 선비계 집단의 한 씨족이다. 선비는 기원전 3세기에서 서기 6세기에 걸쳐 지나 북동부에서 몽골 고원에 걸쳐 활약한 유목·기마민족이다. 오호십육국시대, 남북조시대에는 남하해서 지나 북부에 북위 등의 왕조를 세웠다.

북위에서는 제5대 헌문제獻文帝까지 국성國姓, 즉 선비인 본래의 성을 썼으나 점차 지나풍의 성을 쓰는 분위기로 변질됐다. 수나라를 일으킨 양楊 씨 일족과 당나라를 건립한 이李 씨 일족은 모두 '선비'이며, 탁발도 선비의 한 씨족이므로 이들은 모두 유목민 출신이다. 하지만 당시 투르크는 탁발을 모략에 능한 지나인의 대명사로 여겼다. 같은 유목민이면서도 깔끔하게 지나화된 탁발을 믿지 않고 오히려 사악한 존재로 간주했던 것이다.

퀼 테킨의 말이 새겨진 비석의 뒷면에 한문이 적혀 있다. 그 내용은 투르크 백성을 향해 투르크 문자로 쓴 메시지와는 정반대의 내용이다. 투르크와 당나라, 즉 타부가치는 사이좋게 지내야 한다는 우호적인 말이 줄을 잇고 있다.

여기서 잠깐 여담을 하겠다.

내몽골 자치구 동부의 후룬베이얼 시내의 다싱안링大興安嶺 산에는 게겐桹강이 흐르고 있다. 이 게겐강 부근의 깎아지른 절벽에 '가슌 아구이'라는 동굴이 있는데, 중국어로는 가셴嘎仙 동굴이라고 한다. 가슌은 몽골어로 쓰다, 아구이는 동굴을 가리킨다.(사진 4) 현지 몽골인들이 나에게 "쓴 샘이 솟았다"고 말한 적이 있다. 1980년에는 중국의 한 고고학자가 가슌 아구이

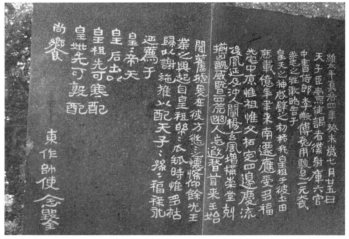

에서 각문刻文을 발견해서 세계를 놀라게 하기도 했다. 북위의
황실이 자신의 원류를 탁발·선비에서 찾았다는 사실을 명확
하게 알리는 내용이었다.(사진 5) 유라시아 역사가 스기야마는
다음과 같이 지적한다.(스기야마 마사아키, 앞의 책)

'원래 당나라는 탁발·북위 이후 계통을 이어받는다. 대국·북위·동위·서위·북제·북주·수나라·당나라는 모든 탁발·선비 씨에 속하는 하나의 정권이다. 나는 이를 '탁발 국가'라는 이름으로 일괄적으로 바라보는 게 역사적 사실과 상당히 들어맞는다고 생각한다. 서쪽 사람들은 이것을 '타부가치'라고 불렀다. …… 요컨대 당나라는 비#한족 출신의 '중화왕조'였다. 그 원류인 탁발 씨는 앞서 설명한 가센 동굴에서 발원했다는 고사故事를 가지고 있다.'

투르크도 당나라를 지나인의 왕조로 간주하지 않고, 가센 동굴에서 원류를 찾는 탁발·선비인이라고 인식했다. 당나라의 속박과 복속 아래에 있었을 때도 투르크는 당나라 황제를 지나풍으로 '황제'라고 부르지 않고, 초원의 관습에 따라 '텡그리 카간'이라고 불렀다. 선비계의 카간이기 때문에 호칭은 카간(이 문자도 사진 5에서 확인할 수 있다)이 어울린다고 생각했기 때문이다.

이미 지적했듯이 당나라 황제, 한때는 유목민의 카간이기도 했던 이李 씨 일족이 선비 출신임은 자신들도 잘 알고 있었다. 그런데 그것이 나중에 역사 조작을 일으키는 원인이 되기도 했다. 역대 왕조의 사서 편찬자가 이 씨 일족이 고대 지나인들이 야만적이라고 간주한 '선비' 출신임을 최대한 숨긴 것이다.

역사의 '찬탈'은 내가 내몽골 자치구에서 조사하던 1990년대 이후 중국에서도 이루어졌다. 그 직전까지 중국에서는 〈당나라 왕 이세민)이라는 드라마가 유행했고, "우리 한족의 중국 역사에서 가장 번성했던 때는 당나라시대였다"고 자부하고 있었다. 당나라는 개방적인 제국이라 일본에서도 견당사로 건너가서 시험에 합격해 당나라에서 벼슬을 한 아베노가 있었다고 주장했다. 그런데 그 뒤로 번성했던 당나라가 한족이 아닌 탁발·선비인이 수립했다는 사실이 조금씩 널리 알려지게 됐고, 그때부터 중국에서 당나라를 격찬하는 일은 사라졌다.

그렇다면 도대체 무엇을 '4,000년의 중국'의 근거로 삼아야 할까. 당나라 이후에 번성했던 나라는 원나라다. 하지만 원은 말할 것도 없이 몽골인이 세운 왕조다. 첫 장에서도 언급했듯이 결국 중국에 '한족'이 독자적으로 자랑할 만한 찬란한 역사는 존재하지 않는다.

유목민의 기념물 '석인'

유라시아 초원에 존재한 투르크 사람의 정신세계를 이해하려면 먼저 '석인'을 알아야 한다. 석인은 초원에 서 있는 돌로, 사람 모양을 하고 있다. 눈과 코가 있고, 옷깃이 있는 옷을 입고 있다. 예를 들면 몽골 고원 서부의 알타이 산맥 동쪽 기슭에 서 있는 석인의 옷깃은, 고고학자 하야시에 따르면 소그드풍이라고 한다.(사진 6) 띠를 묶고 있으며, 거기에는 유목민의 상징인 칼이 있는데 그것을 왼손으로 쥐고 있다. 오른손에는 유리로

된 술잔으로 추정되는 물건을 들고 있다.

그렇다면 이 석인은 누구일까. 하야시는 저서 『유라시아의 석인』에서 이렇게 말했다.

'고고학 자료로 석인을 어떻게 해석하느냐의 문제와 관련해서 이 전부터 두 가지 설이 대립하고 있다. 하나는 죽은 사람이 생전에 살해한 적을 석인으로 표현했다는 설이다. 이 설에서는 석인에서 동쪽으로 계속 이어지는 석렬[石列]도 살해당한 적으로 간주하므로 석인과 석렬 안에 있는 돌의 의미가 같다는 이야기가 된다. 또 하나는 석인이 죽은 사람 본인이라고 보는 해석이다.'(사진 7)

하야시는 전자의 근거로 『주서周書』에 나온 설명을 참고로 제시한다. 그 책에는 장례식이 끝나면 묘소에 돌을 세우는데, 그 돌의 수는 생전에 죽인 적의 수와 같다고 나온다.

후자의 근거는 『수서隋書』다. 그 책에는 죽은 자의 초상은 그

림으로 남긴다고 기록돼 있는데, 그것을 조금 확대해석하면 석
상도 포함한다고 생각할 수 있다.

만약 묻혀 있는 게 투르크 전사일 때 전자의 해석을 적용한다
면, 석상이 하나일 확률은 매우 적다. 오히려 여러 개가 줄지어
있지 않으면 이상할 것이다. 전사 한 사람이 평생의 전투에서
쓰러뜨린 적의 수는 당연히 많았을 것이기 때문이다. 또 석인이
손에 술잔을 들고 있는 것은 저세상에 가서도 마유주를 마실 수
있게 하려는 남은 사람의 배려가 틀림없다. 이런 점에서 볼 때
석상은 적이 아니라 묻힌 인물 그 자체라고 해석할 수 있다.

그렇다면 『주서』의 기록이 잘못된 것인가. 꼭 그렇다고 단언
할 수도 없다. 석인 근처에는 바르바르라고 불리는 돌기둥이
일직선으로 늘어서 있다. 이 바르바르야말로 『주서』에 나오는
생전에 죽인 적의 수에 맞춰 세운 돌이라는 학설도 있다.(사진 8)

| 사진 8 |
몽골 고원 서부의
고분 앞에 열을 지
어 서 있는 돌기둥
들. 고대 투르크인
이 죽은 사람을 위
해 세운 바르바르라
는 견해가 있다.

| 사진 9 |
몽골 고원 중앙부.
옹구트의 땅에 있는
투르크시대의 판석
묘. 빗격자 문양이
보인다.

| 사진 10 |
옹구트 초원의 석인.

　석인이 묻힌 인물이라는 근거는『주서』에서 또 찾아볼 수 있
다. 그것은 죽은 사람을 조문하는 방법이다. 죽은 사람을 추도
할 때는 천막 주위를 말로 일곱 번 돌고, 천막 입구 앞을 지날
때마다 칼로 얼굴에 상처를 내서 운다고 돼 있다. 이는 스키타
이의 애도를 표하는 법과 똑같다. 유목민의 전통적인 사자使者
의례가 면면히 이어져서 투르크시대에도 동서에 똑같이 계승
되고 있었던 것이다.(사진 9, 10)

| 사진 11 |

톈산의 몽골 크레에
있는 석인. 하체에
소그드어로 된 글이
새겨져 있다.

앞서 소개한 도뉴쿠크
비나 석인은 몽골 고원에
서 발견된 것인데, 동투
르키스탄에도 당시를 짐
작하게 하는 석인이 많이
남아 있다.

신장위구르 자치구의
톈산에는 '몽골 크레'라
불리는 지역이 있다. 여기
에서도 왼손에 칼, 오른손

에 술잔을 가진 석인이 발견됐다. 이 석인을 유명하게 만든 것은
하체에 소그드어로 된 글이 새겨졌다는 사실이었다.(사진 11)

해독된 내용에 따르면, 이 석인은 니리 카간 때 세워진 것
이다. 니리 카간은 서투르크의 지도자로 587년부터 604년까
지 카간의 자리에 있었던 인물이다. 이 석인이 있는 고분은
그의 무덤으로 추측된다. 석인은 머리카락 형태에 뚜렷한 특
징을 가지고 있다.(오사와 다카시大澤孝, 『서돌궐의 소그드인』) 바로
'변발'이다.(사진 12)

말할 것도 없이 변발은 주로 몽골(몽골 고원) 주변 남성의 머
리모양이다. 머리카락의 일부를 남기고 면도하며, 남긴 머리를
길러서 땋아 뒤로 내리는 것이다. 고대에는 투르크계도 변발의
풍습을 가지고 있었던 것이다. 그것은 『주서』와 『수서』에 돌궐,

| 사진 12 |
몽골 크레에 있는
석인의 뒷모습.

즉 투르크는 피발被髮(변발)을 했다고 쓰인 설명과 일치한다고
볼 수 있다.

당, 중앙아시아에서 후퇴하다

다시 역사의 흐름으로 눈을 돌리자. 동투르크도 서투르크도
8세기 중반에 서서히 멸망한다. 멸망이라고는 해도, 동투르크
의 경우는 아시나 씨가 위구르 씨에게 지배권을 물려준 것으
로 이름이 위구르제국으로 바뀐 것뿐이다. 그런데 이에 불만을
품고 서쪽으로 이동한 투르크인도 나온다.

　755년 당나라에서는 안사의 난이 일어난다. 소그드와 투르
크 사이에서 태어나 6개 국어를 하며 당나라에서 벼슬을 하던
소그드계의 안녹산安祿山이라는 인물이, 고향이 같고 처지가 같

은 사사명^{史思明}과 함께 타도 양국충^{楊国忠}(양귀비 일족)을 내세우며 일으킨 반란이다. 이 반란은 9년이나 이어졌으며, 당나라의 원조 요청을 받은 위구르군은 어떻게든 난을 진정시켰다.

안녹산의 안은 부하라^{安國} 출신을 의미하며, 사사명의 사는 킷슈^{史國} 출신을 의미한다. 부하라도 킷슈도 소그드인이 소그디아나에 세운 오아시스 국가의 이름이다. 그리고 녹산도 소그드어로 록샨, 즉 빛이란 의미다. 또 사사명은 '밝음을 생각한다'는 뜻으로, 이들은 빛과 어둠의 이원론에 입각한 조로아스터교(배화교)의 신앙 체계를 따랐다.(스기야마 마사아키, 앞의 책)

어쨌든 위구르는 당나라를 구했다. 그리고 이때 그대로 당나라에 정착한 위구르인이 있다. 안사의 난이 벌어진 후 1,000년 이상 지난 지금도 그들의 후손은 도원향^{桃源鄉}의 모델이 된 후난성^{湖南省} 도화원에서 살고 있다. 그들은 거의 대부분 이슬람교도이며, 중국이 1949년에 중화인민공화국이 될 때까지는 모스크도 유지했다.

유라시아 동부의 국제성

이야기의 앞뒤를 조금 바꿔서 이야기해보자. 위구르제국의 사람들은 757년에 몽골 고원 중앙부의 셀렝게강 유역에 '바이 발리크'를 만들었다.(사진 13) 바이는 투르크어로 부귀, 발리크는 성^城 이라는 뜻이다. 바이 발리크는 소그드인과 지나인에게 만들

| 사진 13 |
몽골 고원 중앙 오
르홍강 서안에 서
있는 고대 위그르인
의 바이 발리크.

| 사진 14 |
바이 발리크에 남아
있는 유물.

게 했다. 역사학자 마쓰카와 다카시(松川節)는 '위구르는 북아시아에서 중앙아시아에 이르는 유목 국가 가운데 처음으로 도성을 만들었다. …… 중국인과 소그드인이 활발하게 몽골리아로 진출하면서, 도시 생활문화가 초원에 전해졌는데, 이 일과 연관 있을 것이다'고 지적한다.(마쓰카와 다카시, 『도설(圖說) 몽골 역사 기행』) 현재 바이 발리크는 몽골어로 '카라 발가순', 즉 '검은 성터'로 불린다. '검은'은 폐허가 돼서 사람이 살지 않음을 의미한다.(사진 14)

위구르가 대제국이었던 시기에 동유라시아는 삼대 제국이 대립했던 시대였다. 위구르제국과 당나라, 티베트제국이 각각 번성했던 것이다. 아마 이 시대에 일본과 당나라와의 교류가 성행한 것도 영향을 미쳤겠지만, 일본에서는 당나라를 과대평가해서 당시 서쪽에 있던 대국은 당나라뿐이라고 믿고, 위구르와 티베트에는 눈을 돌리지 않았다.(모리야스 다카오, 앞의 책) 그런데 그 당나라도 흉노가 뿌리인 탁발·선비계 왕조이기 때문에 한족 단일 국가는 결코 아니었고, 오히려 국제적 색채가 농후한 나라였다. 이 점에서 볼 때 당나라도 틀림없이 중앙유라시아형 국가라 말할 수 있다.

당나라의 국제색을 설명해주는 알기 쉬운 예로 고선지高仙芝라는 인물(?~755)을 들 수 있다. 751년 당나라가 이슬람군과 대치한 '탈라스강 전투' 때 당나라 군대를 이끌던 사람이 바로 고선지다. 그는 한반도 고구려 출신이다.

유목민 일가가 국가를 통치하고, 한반도 출신이 지나인이 포함된 군을 이끌고 아랍인과 싸우며, 일본인인 아베노가 국립국회도서관장과 같은 직책을 맡았던 나라. 그것이 탁발·선비계의 당나라인 것이다.

덧붙이자면 탈라스강 전투에서 당나라는 졌고 이슬람 세력은 소그드인의 본거지인 암강, 실강 지대를 포함해서 파미르 서쪽 오아시스 지대의 서쪽 절반을 세력권으로 뒀다. 이로 인해 유라시아의 동서를 잇는 무역 네트워크는 소그드인이 아니라 이슬람을 신봉하는 무슬림 상인이 지배하게 됐다. 그러면서 소그드인과 투르크계 사이에 이슬람이 퍼져 나가게 됐다. 안사의 난이 터지고 탈라스강 전투에서 당나라군이 패배하면서 당나라의 중앙아시아 경영은 녹록지 않게 됐다.

 그건 그렇다 치고, 유명한 당나라시대 인물인 시인 이백(701~762)이 있다. 이백은 중앙아시아 출신으로, 나중에 당나라로 이주했다. 이백이 투르크계의 인물일 수도 있다고 보는 연구자도 있다. 또 같은 시대의 시인 두보는 지나인이지만, 투르크계 말로 쓰인 시가의 영향을 받아서 독특한 한시를 만들었다고 오카다는 말한다. 왜냐하면 그들이 쓴 시는 그때까지 지나의 딱딱한 시와는 달랐고, 오히려 투르크를 비롯한 유목민의 세계에서 선호하는 두운과 각운을 맞춘 표현이 많이 사용됐기 때문이다. 이와 같이 이백과 두보는 투르크의 문화를 도입해서 한시에 일대 혁명을 가져왔고, 한자문화권에 새로운 표현을 창출한 것이다.(오카다 히데히로, 『연표로 읽는 중국의 역사』)

 그러나 풍부한 다양성을 가진 당나라도 후기에는 국제색이 옅어진다. '한족'을 중용해 지나화, 즉 시야가 좁아져서 왜소해져 갔다. 그에 앞서 탈라스강 전투라는 세계 대전에서 패배한 게 중앙유라시아가 이슬람화되는 흐름을 결정지었다. 게다가 789년부터 792년에 걸쳐서는 유라시아 삼대 제국 중 나머지 두 나라인 위구르와 티베트가 톈산 북쪽 기슭의 비슈 발리

크에서 일전을 벌였다.(사진 15) 비슈 발리크는 터키어로 '5개의
성'이란 뜻으로 그 이름대로 5개 성터의 잔해가 남아 있었다.
그러나 1949년 이후 한인이 이 땅에 진출했고, 농민들이 유적
을 훼손했다. 이 싸움에서 누가 승리했는지는 역사학자 중에서
도 엇갈린 견해가 있다. 하지만 이를 계기로 톈산 남북, 즉 현
재의 신장 부근의 투르크화가 진행되고, 동투르키스탄이 세워
진 것은 분명하다.

유목민의 약점

사실 말을 타고 동분서주하는 유목민은 자연재해에 약하다. 특
히 눈사태에 그렇다.

　'영웅을 쓰러뜨리려면 1개의 화살로 충분하고, 유목민을 쓰

러뜨리려면 하룻밤의 눈으로 충분하다'라는 말이 있다. 만약 하룻밤 눈보라가 계속 이어지면, 양 같은 가축 떼는 대부분 죽어버린다. 지금도 몽골 고원에서는 눈 때문에 양이 떼죽음을 당하는 일이 있다.

840년 위구르는 유목민의 천적인 자연재해(폭설)에 휩쓸렸다. 게다가 내란도 겹쳐서 국력이 약해지자, 시베리아 예니세이강 근처에 살고 있던 키르기스가 존재감을 높여 갔다. 그리고 키르기스는 몽골리아로 남침해서 위구르제국을 멸망시켰다. 살 곳을 잃은 위구르 사람들은 서쪽으로 흘러나가 톈산의 오아시스 지대 곳곳에서 주민들과 서서히 융합했는데 그것이 투르크화를 가속화했다. 위구르 사람들을 받아들인 서쪽 사람들은 그때까지 써오던 인도·유럽계의 언어를 버리고 투르크의 말을 선택했다. 9세기 중엽에 이르러 톈산 남쪽 타림 분지의 투르크화도 한층 더 진행된다. 그리고 때를 같이 해서 쇠약해진 당나라도 907년에 막을 내린다.

이때 톈산 부근 오아시스 지대에서는 종교도 변화한다. 당시 위구르인은 마니교도가 많았다. 마니교는 남바빌로니아에서 태어난 마니(216~277)라는 인물이 신의 계시를 받아 사산조 페르시아의 보호를 받으며, 조로아스터교를 바탕으로 네스토리우스교와 불교 등 여러 요소를 융합시켜서 창시한 종교다.(기시모토 히데오, 앞의 책) 그러나 마니교는 다른 언어를 전멸시킨 투르크어 정도의 위력까진 없었다. 한동안 톈산에서는 새로운 마

| 사진 16 |
텐산 남쪽 기슭의
키질 석굴. 불교 경
전 번역자 쿠마라지
바의 상이 서 있다.

니교와 옛날부터 이어져 온 불교가 병존했다. 그리고 위구르인

들이 불교로 개종해 나갔다. 텐산에서 언어의 투르크화와 종교

의 불교화가 진행된 것이다. 현재 텐산에 남아 있는 석굴 사원

은 모두 불교문화가 꽃을 피웠을 때의 작품이다.(사진 16)

그렇다면 이때 서투르크에서는 무슨 일이 일어나고 있었을

까. 투르크화와 이슬람화가 함께 진행됐다. 이슬람은 파미르 산

맥을 넘어 동투르크에도 들어온다. 현재 신장위구르 자치구의

도시 투르판에는 15세기 전반까지 불교와 이슬람이 병존했다.

불교 사원과 모스크가 마주 보고 세워져 있었다는 기록도 남아

있다.

중앙유라시아의 이슬람화

이슬람의 침투

중앙유라시아가 이슬람화되기 전에 널리 신봉되던 종교 중에는 조로아스터교가 있었다. 조로아스터교는 기원전 660년에 예언자 조로아스터가 만든 것으로 '아후라 마즈다'를 유일신으로 숭배한다. 아후라는 주主, 마즈다는 빛을 의미하기 때문에 빛을 신앙하는 종교라고 이해해도 된다.

앞에서 언급한 안사의 난을 일으킨 안록산은 반란군을 이끌면서 '광명의 신'을 자칭하고 있었는데, 이것은 조로아스터교 신앙의 표현이다.(스기야마 마사아키, 앞의 책)

조로아스터교는 후한 시절에 지나로 이주한 소그드인에게 전해졌다는 기록이 있고, 당나라 때는 지나와 투르크의 영향력

| 사진 17 |
오르도스 몽골의 배
화제 풍경. 불에 제
사를 지낼 때 낙타
의 머리털을 잘라
바친다.

이 커지고 있던 유라시아에서 번성했다고 한다. 612년에는 장
안(현재의 시안)과 뤄양洛陽에 '현교祆敎 사원'이 건립됐다는 기록
이 남아 있다. 현교는 지나 말로 조로아스터교를 의미한다. 이
외에도 둔황敦煌과 우웨이武威 등에도 조로아스터교가 전해졌
다. 장안과 뤄양, 그리고 지금의 베이징이자 옛 유주에는 조로
아스터교 유적이 남아 있다.

조로아스터교는 몽골 고원에도 전해졌다. 몽골에서는 옛날
부터 불을 숭배하는 샤머니즘 신앙이 있었고, 신들의 정점에
서 있는 불의 신을 호르모스타라고 불렀다. 호르모스타는 아후
라 마즈다의 발음이 변한 것이다.(사진 17)

조로아스터교와 함께 주목해야 할 것은, 앞서 언급한 마니
교다. 중동에서 탄생한 마니교는 위구르인들 사이에 널리 퍼져
있었다. 지나에도 전해져서 훗날 탄압을 받지만, 그래도 유목

민 사이에서는 정착한 것으로 보인다.

불교도 이 시대에 성행했다. 장안과 뤄양에는 소그드인이 만든 불교 유적과 소그드어 불교 경전도 남아 있다. 소그드어 불교 경전은 한어를 번역한 것으로 보인다.

또한 경교景教(네스토리우스파 기독교)도 635년에 페르시아인 아라본阿羅本이라는 인물이 당나라에 전했다. 648년에는 인도에서 돌아온 현장 삼장玄奘三藏이 장안에 쯔언사慈恩寺를 건립한다. 불상과 불경을 모신 대안탑은 지금도 남아 있다.

그 다음이 이슬람이다. 사라센(이슬람교도)은 651년에 당나라에 사신을 파견했다. 당나라에서는 조로아스터교와 마니교가 융성하고, 불교와 경교가 동쪽으로 옮겨갔으며, 최종적으로는 이슬람교가 유포되고 정착된다. 서쪽에서 탄생한 종교와 문화가 유행했던 것이다.

이 장 앞부분에서 호, 호인은 서쪽에서 온 인물, 주로 소그드인을 가리킨다고 밝혔는데, 그 소그드인 등이 서쪽에서 가져와 당나라에 소개한 문화 중에는 '호의 문자'가 있다. 이것은 지금도 남아 있는데, 호두胡桃, 오이胡瓜, 참깨胡麻, 후추胡椒 등은 모두 서아시아 식물이며, 소그드인 등 서방에서 온 사람들이 전한 것이다. 앉을 때 책상다리胡坐를 하는 것도 서쪽에서 전해졌다. 고대 지나인은 현재 일본의 기모노와 비슷한 긴 소매가 달린 옷을 입고 큰 모자를 쓰고 앉아서 움직이지 않은 것을 좋아했다. 따라서 바닥에 앉을 때는 정좌正坐(무릎을 꿇고 앉는 자세)를 한다. 반면 책상다리를 하고 편하게 앉는 것은 유목민 특유의 서쪽 문화다.

이런 교류·교역·전투의 과정을 통해 유라시아는 점차 이슬람화된다.

7세기부터 8세기에 걸쳐 아랍군은 중앙아시아 정복을 시작했다. 탈라스강의 전투도 아랍군의 동방 진출이 원인이었다. 이 전투에서 패한 당나라는 쇠퇴하기 시작한다. 그것은 아랍군과의 압도적인 힘의 차이를 느꼈기 때문이기도 하고, 당나라 자체가 유라시아형 국가임을 포기하고 한나라시대로 되돌아가려는 것처럼 지나화했기 때문이기도 하다.

아랍이 유라시아에서 세력을 키우자 서투르크 지배하에 있던 이란계 사람들이 먼저 이슬람화했다. 대표적인 예가 조로아스터교를 국교로 삼고 있었던 사산조 페르시아의 이슬람화다.(우메무라 히로시, 앞의 책)

226년에 생겨나 651년에 멸망한 사산조 페르시아는 매우 재미있는 왕조다. 왕가는 이란계지만, 실제 정권 운영을 맡고 있는 것은 투르크계의 맘루크(노예)였다. 노예라고 하면 오해할 수도 있는데, 총리나 군 사령관 같은 높은 직책도 맘루크가 차지하고 있었다. 그들은 신분이 낮아도 실력만 있으면 높은 지위에 오를 수 있었다. 사산조에서는 이란계와 투르크의 결혼도 성행했고 투르크의 존재감은 점차 높아져 갔다.

사산조가 없어지고 사만왕조(875~999)로 바뀌자, 페르시아의 투르크화는 한층 더 진행됐다. 999년에는 사만왕조를 대신해서 카라한왕조(10세기 후반~1212)가 성립하는데, 카라한왕조는 맘루크였던 투르크가 이란계의 사만왕조를 멸망시키고 세운 나라다. 이와 같은 과정을 통해 서투르키스탄이 성립됐다.

'사자왕' 비석의 발견

내가 1992년 여름에 현지에서 조사할 때, 이슬람화의 흔적을 살짝 엿볼 기회가 생겼다. 신장위구르 자치구의 서쪽, 톈산에 가까운 곳에 샤타라는 곳이 있다. 샤타는 사다리나 계단이라는 뜻으로, 톈산 방향으로 갈수록 좁은 도로가 점차 계단처럼 높아지는 토지이기 때문에 이렇게 불린다.(사진 18)

조사의 목적은 고분과 근처에 사는 유목민이었다. 8월 24일,

| 사진 18 |
유라시아의 등줄기라고 불리는 톈산 산맥. 멀리 유목민이 신성시하는 봉우리한 텐겔이 보인다.

| 사진 19 |
알사란 샤 '사자왕'
의 이름이 새겨진
텐산의 비석.

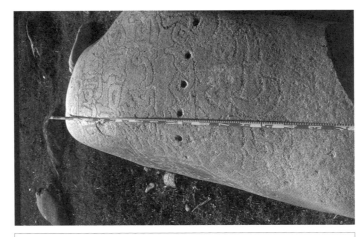

| 그림 2 |
하마다 교수가 다른
문자로 바꿔 쓴 샤
타의 아랍어 비문.

١   بس [   ]   ح (؟) [   ]

٢   الامير [سيد العدل لعا (؟) [   ]

٣   العدل امد الله (؟) [   ]

٤   له و السلاطين قتلغ

٥   الب غازى قلج ارسلان قدير (؟) شاه

٦   الغ يعقويمكان (؟) شاه

٧   [؟]ر قتلغ طغى الب شاه [   ]

٨   بو بكر

샤타의 고분을 견학하고 인근 텐산에서 흘러나오는 하천에 들
렀을 때 생각하지도 못한 발견을 했다. 해가 기울어 석양이 물
들기 시작할 무렵 강변에 있는 큰 돌에 문자가 떠올랐던 것이
다.(사진 19, 그림 2) 그 지역에서는 잘 알려졌을지도 모른다고 생

각할 수 있으나, 현지 간부나 유목민 모두 파악하지 못한 상태였다.

적혀 있던 문자는 아랍어였다. 이것을 당시 고베대학에 있던 하마다 마사미濱田正美(교토대학 명예교수)가 해독한 결과, 알사란 카딜 샤라는 이름이 있었다. 샤는 페르시아어로 왕이라는 뜻이고, 알사란은 사자다. 하마다는 카라한왕조의 샤 중 한 사람인 것으로 분석하고 있다.

사자를 의미하는 아랍어 '알사란'은 투르크어와 몽골어로 들어가 정착했다. 알사란 샤는 사자왕이라는 뜻이다. 이집트 전 대통령 안와르 사다트도 스스로를 알사란이라 불렀다. 지금까지 알사란을 자칭한 샤가 많아서 톈산의 돌에 이름이 새겨진 사자왕이 어떤 샤인지 특정할 수 없지만, 투르크계 왕이 이슬람 이름을 쓴 점은 주목할 만하다.

여기서 중요한 것은 알사란 샤라는 이름이 톈산의 동쪽에 있는 돌에 새겨진 게 발견됐다는 사실이다. 비석의 존재는 이슬람을 받아들인 서투르키스탄의 투르크계 사람들이 파미르 고원을 넘어 동투르키스탄에 모습을 드러내고 있었음을 시사한다. 동투르키스탄에는 서투르키스탄의 투르크인들이 이슬람을 유입했을 것이다. 사실 651년에 이슬람 사자가 당나라까지 방문한 적이 있었지만, 그때는 정착되지 않았다. 서투르키스탄의 이슬람화에 이어 동투르키스탄에서도 투르크인들 사이에서 이슬람이 전해진 것이다.

| 사진 20 |
중국의 매우 아름다
운 서역을 홍보하는
정치 선전 포스터.

'서역'의 허구

신장위구르 자치구는 지금도 동서문화가 교차하는 곳이다. 그
곳에 조사하러 갔을 때 발견한 포스터에 '서역'이라는 문자가
있었다.(사진 20) '매우 아름다운 서역'을 중국 정부가 선전하고
있는데, 서역이란 단어는 고대 지나 때부터 사용되고 있다. 그
지역이 투르키스탄, 즉 투르크의 땅이라는 것을 인정하고 싶지
않으니 서역이란 단어를 정치적으로 사용해 온 것이다. 그런데
오히려 서역이란 단어 자체가 서역이라고 불리는 지역이 지나
에 포함되지 않는다는 사실을 나타내고 있다. 서역은 방위를
나타내는 명사에 불과하다. 게다가 고대 지나도 '서역 36개국'
을 계속해서 「외국전外國傳」에 기술해 왔다. 그러니 그들이 말하
는 '서역이 옛날부터 고유 영토의 일부였다'는 주장은 완전히
황당무계한 이야기다.

이 시기에는 동쪽에는 탁발·선비계 집단이 세운 정복 왕조 당나라가 있고, 서쪽에는 투르크가 세운 정복 왕조인 카라한왕조가 있었다. 서쪽에도 동쪽에도 처음에는 외부자였던 유목민이 현지인과의 혼인 등으로 서서히 세력을 확대하고, 그때까지의 왕조를 무너뜨려서 주류가 된 것이다.

그것을 아는지 모르는지 현재 중국은 신장위구르 자치구에서 지나인(한인)과 위구르인의 결혼을 반강제적으로 시행하고 있다. 신장위구르 자치구의 인구는 과거에 다양한 민족을 통합해서 위구르인이 800만 명, 중국인(지나인, 한인)은 약 1,000만 명으로 거의 균형을 이루고 있다. 그러나 무슬림은 무슬림끼리만 결혼하기 때문에 이슬람에 관대하지 않은 중국 공산당 정부가 반강제 결혼을 통해서 위구르를 무너뜨리려고 애쓰고 있다.

석인, 다시 초원으로 돌아가다

고대 투르크인들은 장례 의식의 하나로 석인을 남겼다. 투르크인들이 톈산 남북과 파미르 고원의 동서를 석권하며 명실상부하게 투르키스탄화한 이후 몽골 고원에서는 한동안 무덤에 석인을 세우지 않았다. 그러나 13세기가 되자 다시 초원에 석인을 세우는 집단이 나타났다. 고고학자 하야시에 따르면 그것은 몽골제국 시기에 서쪽의 중앙아시아에서 동쪽으로 이주한 킵차크인(폴로비치)이 가져온 문화였다.(하야시 도시오, 앞의 책) 당

| 사진 21 |
몽골 고원 남동부
수흐바토르 옹곤군
郡에 남아 있는 석인.

| 사진 22 |
중국 내몽골 자치구
위안상두上都 유적
지에 남아 있는 몽
골제국의 석인.

시 킵차크인은 용맹함으로 위세를 떨쳐서 이주자들도 쿠빌라
이칸에게 중용되고, 마유주를 제조하는 일에 종사했다. 그들
이 만들었다고 전해지는 석인이 몽골 고원 남동부의 수흐바토
르에 남아 있다.(사진 21) 원의 여름철 수도였던 상도上都에도 있
다.(사진 22)

　몽골인 역사학자 오윤빌리크에 따르면, 킵차크의 킵은 중세
페르시아어로 붉음을 의미하고, 차크는 '초원의 백성'을 말한
다. 말하자면 '적갈색의 유목민'이라는 뜻이다. 몽골인이 직접
써서 남긴 『원조비사』에도 킵차크와 아소 등 중앙아시아 투르
크계 유목민에 관한 기술이 있다. 투르크계 유목민들이 동쪽의
원나라로 옮겨가 살면서부터는 하라친哈喇沁이라고 불렀는데,
이것은 '위대한 칸의 말을 방목하는 자'라는 뜻이다. '위대한

칸의 말을 방목하는 자'는 마유주 양조를 담당하고 있었다. 원나라가 멸망하자 하라친인은 다른 몽골인 집단과 융합해서 서서히 하라친·몽골인으로 변해갔다.(오윤빌리크烏雲畢力格, 『하라친 1만 호戶 연구』) 이 하라친·몽골인은 근세 러일 전쟁 전후로 가장 먼저 일본과 접촉한 집단이기도 하다.

제5장
'삼국정립三國鼎立'의 시대

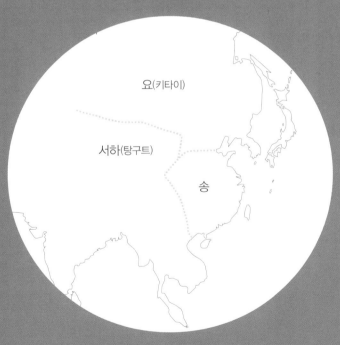

요(키타이)

서하(탕구트)

송

11세기경

세 제국이 병존한 시대

'임금님 귀는 당나귀 귀'

내몽골 오르도스 고원에 있는 나의 생가 근처에는 오래된 성
터가 남아 있다. 어른들에게 물어보니 그것은 "칭기즈칸에게
멸망당한 탕구트인의 성터"라고 했다. 성터의 북쪽에는 사막
이 평온하게 펼쳐져 있다. 바람이 불면 사막 속에서 질서 있게
늘어선 사람의 뼈들이 나오는데 놀랍게도 모두 머리가 없었다.
햇빛에 하얗게 빛났던 인골은 금세 소와 양들이 먹어버렸다.
아마 인골의 칼슘이 필요해서 그랬을지도 모르겠다.

  탕구트는 서하로 알려진 왕조를 만든 티베트계 민족이며, 그
나라의 수도는 오르도스와 황허의 서쪽에 해당하는 홍경부興慶
府에 있었다.(사진 1) 현재 닝샤후이족 자치구의 수도 인촨銀川 부

| 사진 1 |

근이다.

어렸을 때 나는 탕구트 이야기를 자주 들었다. 그때는 문화대혁명이 한창이어서 공부는 무의미했고, 읽을 만한 책도 거의 없어서 귀로 듣는 이야기가 다였다.

그중 한 이야기에 등장하는 위대한 칸의 귀에는 특징이 있었다고 한다. 어떻게 봐도 사람의 귀가 아니라, 당나귀 귀를 가지고 있었던 칸은 항상 자신의 머리카락을 다듬어준 이발사를 죽였다. 자신의 귀와 관련된 소문을 떠벌릴까 봐 걱정한 것이다. 그러다 보니 칸에게 불려간 이발사는 살해된다는 소문이 순식간에 퍼졌다. 칸에게 불려간 이발사 중 한 명은 소문을 익히 들어 알고 있었기 때문에, 머리카락도 다듬어주면서 또 다른 솜씨를 발휘해 칸에게 음식을 바쳤다. 칸은 이발사의 음식이 마음에 들어서 그 이발사는 살려두었으나 입막음하는 것도 절대 잊지 않았다.

이발사도 처음에는 비밀을 지키려고 했다. 그러나 비밀을 알게 되면 다른 이에게 말하고 싶어지는 게 사람의 본성이다. 결국 입이 간지러워 참을 수 없자, 쥐가 판 구멍에 대고 비밀을 크게 외쳐버렸다. 처음에 놀란 것은 쥐들이었다. 쥐들 사이에서 '칸의 귀가 당나귀 귀'라는 사실이 크게 화제가 됐고, 마침내 인간들의 귀에도 그 소문이 닿았다.

이 이야기에는 다양한 버전이 있다. 나는 이것이 몽골에 전해지는 탕구트 우화라고 믿고 자랐다. 할머니와 부모님께 들었기 때문이기도 하고, 1905년부터 1925년까지 오르도스에서 활동했던 벨기에인 선교사 모스타르트[A. Mostaert]가 직접 수집한 오르도스의 몽골 민화[民話]의 프랑스어판에도 이 이야기가 실렸다는 걸 알았기 때문이기도 하다. 모스타르트의 민화는 일본어로도 번역돼서 『오르도스 전설집』으로 간행됐다.

『이솝우화』에도 비슷한 이야기가 있다고 들은 것은 1990년대에 일본 대학원에서 공부하고 있던 때였다. 어떤 일본인의 말을 듣고 매우 놀랐던 기억이 있다. 내가 『이솝우화』를 읽을 기회가 없었던 것은 문화대혁명 때문에 책이 없었던 것도 한몫했다. 아마 몽골인이라면 누구라도 '임금님 귀는 당나귀 귀'가 『이솝우화』에 수록돼 있다는 사실을 알지 못할 것이다. 문자화돼서 『이솝우화』가 된 것이 먼저인지, 옛날부터 몽골 땅에 전해진 게 먼저인지는 차치하더라도 유라시아는 사람과 문화가 활발하게 왕래하는 장소라는 점을 기억해야 한다. 당연히 이야기도 서쪽에서 동쪽으로, 또는 동쪽에서 서쪽으로 전해졌을 것이다. 이 장에서는 '임금님 귀는 당나귀 귀'라는 이야기를 만들었을지도 모르는 탕구트와 키타이, 송 그리고 이들을 멸망시키고 탄생한 몽골제국에 관해 이야기하겠다.

대키타이국의 흥망

10세기에서 12세기 무렵의 유라시아에는 몽골계 키타이가 세운 요(916~1125), 탕구트의 서하, 그리고 송(960~1279)이라는 대제국이 있었다.(이 장의 시작 페이지 지도 참조) 그중 키타이와 탕구트라는 단어는 현대 몽골어 속에 남아 있다.

현대 몽골어로는 한인, 즉 중국인을 '키타도'(단수형은 키타이)라고 하며, 티베트를 '탕구트'라고 부른다. 그러나 본래 키타이, 즉 거란은 '대키타이국大契丹国'을 말하고, 탕구트는 거란과 거의 같은 시기에 번성한 대하제국(서하)을 의미한다. 왜 한인을 키타이라고 부르도록 개념이 뒤바뀌는 일이 발생했는지는 모르겠지만, 티베트인을 탕구트라고 부르게 된 것은 아마도 탕구트인들이 티베트계 언어를 사용하고 있었기 때문이라고 추측된다.

키타이는 거란이다. 키타이는 현재 내몽골 자치구의 동쪽, 다싱안링의 남쪽 기슭에서 유목하고 있던 몽골어계 집단이다. 앞서 언급한 고대 투르크어로 기록된 비문에도 등장한 사람들이다. 그 집단에서 한 사람의 리더가 탄생한다. 야율아보기^{耶律}^{阿保機}가 군주의 칭호인 카간을 자칭했는데, 이는 907년의 일이었다. 야율아보기를 어떻게 발음하는가는 확실하지 않지만, 일본어로는 '야리쓰아보키'에 가까울 것이라고 역사학자 스기야마는 지적한다.(스기야마 마사아키, 앞의 책)

야율아보기는 916년에 대키타이국을 세웠다. 나중에 국호를 요로 했기 때문에 대키타이국은 요왕조로도 알려져 있다. 『요사^{遼史}』에 따르면, 키타이의 카간 야율아보기는 925년 겨울에 일본에서 온 사신과 만났다. 또 그 다음 날에는 고려에서 온 사신과도 접견했다.

대키타이국은 929년 발해를 정복해서 이름을 동단국^{東丹国}이라 부른 괴뢰국가를 운영하였는데, 동단국은 일본의 단고^{丹後}에 90명 이상의 사자를 보냈다. 동해를 끼고 사자의 왕래가 활발했던 것은 당시 동아시아가 국제 관계의 격동의 중심이었다는 사실과 그것을 일본이 알고 있었다는 것을 뒷받침한다.(아라카와 신타로^{荒川愼太郎} 외, 『거란(요)과 10~12세기의 동부 유라시아』)

동단국은 930년에 이르러 대키타이에게 완전히 멸망한다. 이로써 키타이는 동쪽은 발해, 서쪽은 파미르 고원, 북쪽은 몽골 고원, 남쪽은 황허 유역까지 광대한 땅을 통치하게 됐다.

대키타이국의 주민 절반은 유목민이고, 나머지 절반은 지나인 농민이 대부분을 차지했다. 대키타이국은 이를 고려해 북부 유목민은 북면관이, 남부 농민은 남면관이 다스리는 이중 관제

라는 독특한 통치 체제를 채택한다.

　대키타이국은 1125년에 금나라에게 멸망당한다. 금나라
에 대해서는 다음 장에서 언급하겠다. 대키타이국의 멸망 즈
음해서 쫓기던 왕자 중 한 사람인 야율대석耶律大石이 사람들을
이끌고 북상한 후, 1124년에 몽골 고원에서 세력을 재건한다.
1130년에 이르면 그는 중앙아시아로 이동해 구루칸에 즉위하
고 서요西遼를 건국한다.(마쓰다 고이치松田孝一, 「서요와 금의 대립과 칭기
즈칸의 발흥」) 수도를 서쪽으로 옮길 때까지 들렀던 거점은 카둔
可敦성이라고 불렀는데, 몽골 북서부에 있다.(사진 2) 카둔성이란
'왕비의 성'이라는 뜻이다. 격동의 시대, 서쪽으로 이동하는 오
랜 전통을 키타이인도 유지하고 있었음을 알 수 있다.

　서쪽으로 활로를 찾아낸 야율대석이 건립한 서요는 카라 키
타이제국(1132~1211)이라고도 불린다. '카라'는 투르크어와 몽골

어로 검다는 의미다. 카라 키타이는 이슬람교도의 호칭으로 '검은 거란'을 의미하며 강력함을 표현하고 있다. 이 카라 키타이 제국은 '키타이 제2제국'이라고도 불린다.

'억지 중화사상'의 기원

탕구트왕조를 한자로 표기하면 대하제국이 된다. 유라시아의 동쪽 끝에 있는 지나의 관점에서는 서하라 불린다. 이 왕조의 탄생은 생활이 어려워진 민중이 일어난 '황소黃巢의 난'(875~884)을 계기로 당나라가 쇠퇴한 사실과 관련이 있다.

당나라는 원래 탁발·선비계 왕조이면서도 이李를 성으로 쓰는 등 끝없이 지나화했다. 그 탁발·선비계 당나라는 현재의 오르도스에 있던 탁발계의 도움을 받아 황소의 난을 진압한다. 당 왕조는 하주의 탁발 집단에게 황제 일족과 같은 이 씨 성과 정난절도사定難節度使라는 관직을 대가로 주었다. 절도사는 당나라 주변 이민족에 대비해서 변방에 둔 모병 집단의 지휘관이었다. 그러나 군벌이 된 이후에 자립하는 사람이 많았다.

여기에서 탄생한 오르도스의 하주厦州 이 씨 일족은 탕구트 등 티베트계 집단을 차례로 끌어들이며 거대해졌다. 이런 움직임을 알아차린 대키타이국은 999년에 하주의 탁발과 탕구트라는 양대 민족으로 구성된 군단의 통솔자 이계천李繼遷에게 서하 왕의 칭호를 하사했다.

1032년에는 이계천의 손자인 이원호李元昊가 탕구트국을 세워 국왕의 자리에 올랐고, 1038년에는 국호를 대하로 바꾸었다. 일반적으로 서하로 알려진 국가이지만, 서쪽이란 대키타이국이나 송나라를 기준으로 본 방위이므로 독립 국가의 명칭으로 적합한 것은 아니다.

이후 1227년에 이르면 대하제국은 칭기즈칸이 집어삼킨다. 몽골제국의 개막이었다.(몽골제국은 1206~1271, 그 뒤 원은 1271~1368) 대하는 국가로는 멸망했지만, 탁발계와 탕구트계 사람들은 몽골제국에 흡수되어 몽골인과 융합하면서 활약했다.

대키타이국의 성립과 대하제국의 발흥 사이에는 당나라가 망하고 송나라가 탄생하기도 했다. 송은 960년 남지나에서 발흥했다. 대키타이국의 통치자 대부분이 몽골계 키타이인이었고 대하제국의 주민이 탁발계와 탕구트계와 혼혈인 반면, 송나라 사람들이 어떤 인종인지는 확실하지 않다. 중국은 한인이라고 단정하고 있지만, 역사학자 오카다는 그 한인은 한나라 시대의 한인과는 완전히 다르다고 지적한다.(오카다 히데히로, 『연표로 읽는 중국의 역사』) 그만큼 남지나의 인적 이동이 활발했고, 현재의 동남아시아 지역민을 포함한 형태의 혼혈이 진행되고 있었다.

그런데 지나는 송나라의 한인과 한나라의 한인과 동일하다며 순혈주의를 주장한다. 당시 유라시아의 정통은 송나라라고 하면서, 대키타이국과 대하제국은 '송의 지방 정부'였다는 식으로 왜곡하고 있다. 그러나 앞서 언급한 대로 송나라보다 먼저 916년에 대키타이국이 건국됐고, 영토도 훨씬 넓었으며, 서구 세계에도 이름을 알렸다. 단지 키타이라는 이름이 알려져 있었던 것뿐만 아니라 지나 자체도 '키타이'나 '캐세이' 등으로 불리게 됐다. 키타이인은 지나인이 아니지만, 지나를 키타이라고 부르는 것은 어떤 의미에서는 올바르다. 지나 북부도 오랫동안 키타이인의 지배 아래에 있었기 때문이다.

현재 홍콩을 거점으로 하는 항공사에 캐세이 퍼시픽 항공이 있는데, 여기서 캐세이는 거란을 의미한다. 이것은 키타이가 유럽의 언어에도 녹아들었다는 사실을 보여준다. 그런데도 중국 공산당 역사가 등이 고대 지나인과 똑같이 송을 정통으로 삼고 싶어 하는 것은 '억지 중화사상'이다. 또한 오카다가 지적한 대로 '억지 중화사상은 중국인의 병적인 열등 의식의 산물'이다.(오카다 히데히로, 앞의 책)

02

'탑'을 사랑한 키타이

농경과 유목을 융합시킨 독자적인 문화

대키타이국에는 5개의 수도가 있었다. 상경임황부上京臨潢府와 중경대정부中京大定府, 남경석진부南京析津府, 동경요양부東京遼陽府, 서경대동부西京大同府다. 거란은 유목민이기 때문에 대키타이국의 황제는 계절이 바뀔 때마다 자신이 거처하는 궁장宮帳을 옮겼다. 도시에 정착하지 않는 게 유목민의 전통이며, 훗날 칭기즈칸이나 티무르제국(1370~1507)을 세운 아미르 티무르(1336~1405)도 한곳에 머무르지 않고 사방으로 옮겨 다녔다.

다섯 수도 중 상경은 내몽골 자치구 바린 지역, '황색의 강'을 의미하는 샤라 무렌강 유역을 말한다.(사진 3) 상경의 서쪽에 있는 경주慶州는 멀리서도 아름다운 설산의 봉우리가 보이고,

거기에서 흘러나오는 강
이 오늘날에도 광대한 초
원을 촉촉하게 만들고 있
다. 이렇게 아름다운 곳
에 키타이인은 경릉慶陵을
만들었다. 경사면에는 관
목이 자라는, 언뜻 보기
에는 평범한 초원의 풍경
이지만 1,000년 이상 지
난 키타이왕 무덤의 벽화

에도 남아 있을 정도로 유구한 역사를 자랑한다.

키타이인이 바라보던 풍경은 우리가 현재 바라보는 경치와
그다지 변한 게 없다.(사진 4) 1930년대에 도쿄제국대학을 졸업

한 문화인류학자 도리이 류조鳥居龍蔵와 교토제국대학의 역사학
자 다무라 지쓰조田村實造 등이 이곳을 방문해 조사했다. 다무라
는 일본으로 귀국한 뒤 조사 결과를 명저 『경릉 조사 기행』으
로 정리했다.

키타이 사람들이 전형적인 몽골로이드의 얼굴이었다는 것
이 그림에도 남아 있다. 특히 주목해야 할 것은 아이의 머리 모
양이다.(사진 5)

일본의 사카야키月代(남자가 관冠이 닿는 이마 언저리의 머리카락을 반
달 모양으로 미는 것)처럼 보이기도 하지만, 앞머리의 중앙에 머리
를 짧게 남긴 부분이 다르다. 지금도 초원 지대에 가면 같은 머
리 모양을 한 몽골 어린이들을 만날 수 있다.

그때 키타이의 생활 모습은 무덤의 벽화를 통해서도 알 수
있다. 붉게 칠한 쟁반, 칠기에 놓여 있는 것은 고기만두다.(사

| 사진 6 |
키타이인의 식사 풍경. 내몽골 자치구 챠간하다 거란 묘지 벽화. 키타이 이전 흉노도 이와 똑같은 식사를 즐겼을지도 모른다.

| 사진 7 |
키타이시대의 도자기 물병.

진 6) 이 고기만두는 매우 호화롭게 먹었던 원나라를 거쳐 지금까지 남아 있다. 현재 유목민의 식사는 매우 간소한 편인데 그중에서 고기만두는 아주 훌륭한 요리다. 몽골제국 때는 지금과 달리 귀족들이 미식문화를 발전시켰는데, 이는 그 시기의 요리와 영양학에 대한 저작 『음선정요飲膳正要』에 남은 기록으로 확인할 수 있다.

키타이의 문화의 우수성은 당시 만들어진 도자기를 보면 잘 알 수 있다. 같은 시기의 송나라 도자기가 유명하긴 하지만, 키타이의 도자기가 더 개성이 넘치고 굽는 기술도 뛰어나다. 키타이의 도자기는 나중에는 고려청자의 영향을 받은 것도 나오기는 하나, 지나의 농경문화 요소는 희박하다. 오히려 유목민의 영향을 크게 받은 사실을 물병을 통해 확인할 수 있다.(사진 7) 유목민은 말을 탈 때 소와 낙타의 가죽으로 만든 물통(사진 8)을 휴대한다. 키타이인은 그 가죽 물병과 같은 형태의 물병

을 지나 기술인 도자기로도 만들었다. 이처럼 키타이인은 농경
과 유목을 융합시킨 독자적인 문화를 가지고 있었다.

또 다른 그릇에는 녹색 물고기가 그려져 있다.(사진 9) 이 녹
색은 청금석(라피스라즐리)을 사용해서 만든 결정이다. 청금석은
대부분 아프가니스탄이나 이집트에서 채굴되는 광물이다. 그
것을 키타이인이 사용했다는 것은 당시 그들 사이에 국제 무
역이 있었다는 증거이기도 하다. 송나라 도자기에는 청금석이
발견되지 않았다.

염부染付(색이나 무늬를 넣은 도자기)는 키타이가 멸망한 뒤 탄생
한 원나라 것이 세계적으로 알려졌으며, 현재는 터키 톱카프
궁전에 많이 소장돼 있다. 염부는 몽골의 공주들이 서아시아
와 중앙아시아로 갈 때 가져간 혼수품이기도 했다.(스기야마 마
사아키, 『유목민이 본 세계사』) 원나라의 염부는 서방의 청금석과 중
앙아시아의 이슬람풍 디자인과 지나의 도자기 기술을 통합해

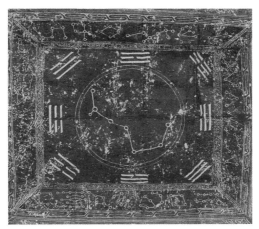

| 사진 10 |
키타이인의 천문도.
유목민이 '일곱 신'
이라고 부르며 숭배
하는 북두칠성이 그
려져 있다.

서 만든 세계 최고급 예술품으로 인정받는다. 키타이시대에는
원나라 염부의 전조이자 동서 문명이 융합된 훌륭한 예술품이
태어난 것이다.

키타이의 황제 중 한 명인 야율융우 耶律隆祐 의 묘지 덮개 중
앙에는 북두칠성이 있고 주변에는 다양한 별자리가 새겨져 있
다.(사진 10) 이것은 천문학이 발달했다는 증거이기도 하다. 일
본의 다카마쓰 高松 고분에도 '북극오성 北極伍星 과 사보사성 四輔
四星 '이라고 불리는 자미원 紫微垣 의 별자리가 그려져 있다. 자미
원은 고대 지나의 천문학으로 천제의 자리에 해당하는 별자리
고 북극성은 천자의 자리로 비유된다. 다카마쓰 고분의 천문도
는 고구려 또는 수나라나 당나라의 영향을 받은 것으로 알려
져 있다.(모리 가즈오 毛利和雄, 『다카마쓰 고분은 지켜질까』) 또 다른 키타
이인의 묘석에는 비파와 생황, 큰북 등으로 아이들이 합주하는

| 사진 11 |
키타이 아이들이 연
주하는 모습을 묘사
한 그림.

| 사진 12 |
경주백탑이라고 불리
는 키타이인의 불탑.

모습을 묘사한 그림도 있다.(사진 11)

　내몽골 자치구 바린 초원에는 경주석가불사리탑慶州釋迦佛舍利
塔, 흔히 경주백탑慶州白塔이라 부르는 아름다운 불탑이 세워져
있다. 높이 70미터가 넘는 탑이 유목의 초원에 우뚝 선 모습은
그야말로 장관이다. 이것은 거란의 황후가 죽은 남편을 위해
추선공양追善供養하려고 1049년에 준공했다.(그림 12)

　탑의 부조에는 앞 장에서 언급한 호인과 낙타와 불교의 사
천왕 등이 조각돼 있다. 키타이가 멸망하고, 몽골인의 원나라
도 '중국 본토'에서 물러나자, 16세기 후반부터 17세기 초반에
걸쳐 장성 북쪽의 스텝 초원을 통치하고 있던 몽골인 승려들
이 그곳에서 적극적으로 티베트어 불교 경전을 몽골어로 번역
했다.(발터 하이시히Walther Heissig, 『몽골의 역사와 문화』)

| 사진 13 |
몽골 고원의 동부에
서 있는 키타이인의
불탑.

17세기 중엽까지 경주 일대는 초원의 불교 중심지였다. 북
면관이 다스리던 몽골 고원의 동부에는, 건축사에서 흔히 키타
이식 벽돌탑이라고 불리는 밀첨식전탑密檐式磚塔도 남아 있다. 전
磚은 벽돌을 의미한다. 끝없는 대초원에 키타이인 도성의 흔적
이 있고, 그곳에 불탑이 서 있는 것을 보았을 때, 나는 말로 표
현할 수 없는 감동을 느꼈다.(사진 13) 유라시아 동부 초원에서
옛날의 키타이인은 인도에서 생겨난 불교 철학에 관해 사색하
고 있었던 것이다.

키타이식 불탑은 남쪽으로는 베이징에서 북쪽은 몽골 고원
까지, 동쪽으로는 옛 발해에서 서쪽으로는 현재의 닝샤후이족
자치구까지 100개 이상 세워져 있다. 특히 거란의 본거지인 내
몽골에서 많이 찾아볼 수 있다. 탑은 키타이의 불교 신앙의 상
징이며, 이 시대는 '탑 건립의 시대'라고도 불린다.(후지와라 다카

| 사진 14 |
몽골 서부에 서 있는 키타이시대의 성채.

토藤原崇人, 「초원의 불교 왕국—석각·불탑 문물로 보는 거란의 불교」,『거란불교사 연구』)

내가 어떤 몽골인 승려에게 물어보니, 불탑 건립의 목적은 '공덕을 쌓는 것'과 '토지의 악령을 진압하는 것'이라고 답했다. 아마도 당시 권력자도 같은 목적으로 탑을 세웠을 것이다.

몽골 서부에 펼쳐진 초원에서 탑과 함께 키타이인의 삶과 흔적을 전해주는 것은 성채成砦다.(사진 14)

유목민이 초원에서 생활하는 데 없어서는 안 될 강 근처에서는 옛날 키타이 성城의 흔적을 볼 수 있다. 지나의 성 주변에는 해자가 있다. 그러나 몽골 고원에 남아 있는 키타이인의 성터는 해자에 둘러싸여 있지 않다. 키타이의 전사는 말을 타고 싸우는 것에 익숙해져 있었으므로, 물로 성을 공격하거나 방어한다는 발상이 없었을지도 모른다.

| 사진 15 |
몽골 서부에 세워
진 키타이시대의 불
탑. 가까운 산에서
채취한 석재로 만들
어졌으며, 내부에서
발견된 대량의 불교
경전은 자작나무 껍
질로 되어 있다. 키
타이문화가 전해진
범위가 매우 넓으
며, 몽골 고원에도
도달했다는 사실을
말해준다.

이 성채 근처에도 불탑이 있다.(사진 15)

이 불탑은 키타이제국 시기에 세워진 것인데, 16세기에서 17세기에 다시 이용된 것 같다. 내부에서 자작나무에 몽골어로 적힌 대량의 불교 경전이 20세기 중반 이후 발견됐기 때문이다. 몽골인에게는 오래된 불교 경전을 불탑에 바치는 습관이 있다. 오래된 불전의 보관고로 키타이시대의 불탑이 활용되었음을 추측할 수 있다. 불탑과 사원이 늘어선 도성은 스텝의 문화센터였던 게 아닐까.

덧붙여 말하면, 이 불탑 아래에서 발견된 몽골어 불전은 독일과 이탈리아, 그리고 몽골 연구자 등이 연구를 진행했다. 칭기즈칸을 불교의 신으로 칭송하는 경전도 있어서 샤머니즘과 불교가 융합했다는 사실 역시 확인할 수 있었다.

이뿐만 아니라 키타이의 독특한 문화 곳곳에 유목민다움이

| 사진 16 |
키타이제국의 태조
를 모신 석실. 석실
외벽에는 천막을 고
정할 때 쓰는 끈 모
양이 새겨져 있다.
석실을 닫집으로 여
겼던 것 같다.

반영돼 있다. 내몽골 자치구 바린 초원에 있는 키타이제국의
태조 야율아보기의 무덤, 조릉祖陵의 석실은 사람이 걸어서 들
어갈 정도로 크고, 외벽에 독특한 문양이 있다. 이것은 유목민
의 집, 천막을 본뜬 것이다.(사진 16) 키타이는 유목민족과 농경
민족 모두 통치하고 있었지만, 왕가는 유목민의 피를 이어받았
단 의식이 강해서 사후에도 천막에 산다고 여겼다.

03

너그러운 대하 탕구트와 원나라

서하문자란

오르도스에는 북위 때 만든 석굴이 여러 개 남아 있다.(사진 17) 그중에서 최근 가장 각광을 받은 것은 오르도스 북부, 아르브스산에 있는 아르자이 석굴이다.(사진 18) 이 석굴은 둔황에서 한참 북쪽인 '실크로드 초원의 길'에 있다.

1990년 발견된 아르자이 석굴은 현재 중국의 중요문화재로 지정돼 있다. 나는 이 석굴 조사에 참여한 결과를 『몽골의 아르자이 석굴─그 흥망의 역사와 출토 문서』에 정리했는데, 아르자이 석굴 역시 매우 독특한 유적이다.

석굴 암벽에 새겨진 불탑은 키타이인의 불탑과는 전혀 다르다. 고고학자의 말에 따르면 이 불탑은 티베트풍, 전형적인 대하

| 사진 17 |
오르도스 서부 우신
기의 사막성 초원에
남아 있는 오래된
석굴. 고고학자들은
북위 것으로 단정한
다. 근대까지 몽골
인 승려들이 이용해
왔다.

| 사진 18 |
아르자이 석굴. 현
재 중국의 중요문화
재로 지정돼 있다.

| 사진 19 |
아르자이 석굴의 암
벽에 조각된 서하풍
불탑.

제국의 탕구트계 것이다.(사진 19) 석굴의 천장에도 있는 연화조
정蓮華藻井이 증거다. 여기서 조정은 천장이라는 의미로, 천장에 연
꽃무늬가 새겨져 있는 것이다. 어떤 무늬가 새겨질지는 시대에
따라 다르다. 대하제국의 석굴 천장은 대부분 연꽃이다.(사진 20)

　현재 아르자이 석굴이 있는 오르도스 북서부에서 서쪽으로
황허를 건너면 무슬림이 사는 닝샤후이족 자치구가 나온다. 닝
샤寧夏는 대하의 본거지 중 하나이며, 닝샤후이족 자치구의 수
도인 인촨의 대초원에는 대하 탕구트시대의 불탑이 유유히 서
있다.(사진 21) 벽돌로 만든 점은 키타이의 불탑과 똑같으나 미

| 사진 22 |
원제국의 수도 칸
발리크. 현재 베이
징 교외에 서 있는
쥐융관 과가탑過街塔.

| 사진 23 |
쥐융관에 남아 있는
새겨진 글자. 왼쪽
이 몽골문자, 오른
쪽이 서하문자.

적 감각은 전혀 다르다. 같은 시기에 정립했던 국가들이기 때
문에 각각의 독자성을 뽐냈을 것이다.

대하는 불교 국가였으나, 나중에는 티베트 불교가 두드러지
게 된다. 1227년 칭기즈칸에게 멸망당한 뒤에도 탕구트인들은
서하어로 된 티베트 불교의 경전을 소중히 지켜왔다.

원나라에서 서하어가 사용된 흔적은 베이징 교외에 있는 쥐
융관居庸關에도 남아 있다. 이것은 원나라 때 만리장성에 설치된
관문 중 하나인데, 거기에는 한문과 몽골문자, 서하문자 등 다
양한 문자로 불교 경전이 쓰여 있다.(사진 22, 23)

　　서하문자는 우리가 보기에는 읽을 수 있을 듯하지만 읽을
수 없는, 아리송한 한자처럼 비칠 것이다. 그도 그럴 것이 이는
한자에서 파생된 문자다. 이 문자는 일본의 언어학자 니시다
다쓰오西田龍雄가 거의 해독했다. 원나라는 다른 초원의 제국과
마찬가지로 여러 언어를 동시에 사용했는데, 그중 하나가 서

하여다. 원나라는 대하를 병합했으나 서하어는 허용했다. 서하어를 포함한 여러 언어가 관문에서 사용되면 그곳을 통과하는 사람들에게 자신이 대제국에 있다는 사실을 실감하게 하는 효과도 있었을 것이다.

다국어로 기술한 것은 아르자이 석굴 내부에도 있다. 몽골 문자와 산스크리트 문자, 티베트 문자로 타라(여신)를 찬양한다.(사진 24) 벽화의 묘사와 시의 기술 내용으로 볼 때, 여신은 원래 매우 아름다운 얼굴임이 분명하지만, 안타깝게도 문화대혁명 때 중국인들이 거의 파괴해버려서 현재는 확인할 수 없다. 건조한 대초원 한가운데에 있는 석굴에서 스님들이 조용히 여신을 찬양하는 찬가를 부르는 풍경은 이제는 볼 수 없게 됐다.

또 아르자이 석굴 안에서 위구르문자로 몽골어 육자진언六字眞言이 새겨진 벽돌도 출토되고 있다.(사진 25) 그 서풍은 둔황의 막고굴莫高窟 안에 있는 몽골제국의 육체문자六體文字 비의 머리글과 같다.(스기야마 마사아키·기타가와 세이이치北川誠一,『대몽골의 시대』)

원나라는 몽골제국의 동쪽 일부분이지만, 다양한 민족으로 구성된 대제국이다. 여러 언어를 동시에 사용하는 것은 다양한 문화에 대한 관용성을 나타낸다. 다양성을 인정하는 국가에는 많은 민족이 충성한다. 이것이 초원의 유목 문명의 특징 중 하나다.

내몽골 중앙부의 온뉴트 초원에는 1335년에 지어진 지나인 장응서張応瑞의 무덤이 있는데, 그 비문에는 장응서가 어떻게 몽

골의 호족에 공헌했는지를 한문과 몽골어 두 가지로 새겨놓았
다.(사진 26)

　장응서 일족은 몽골화한 지나인이며, 그들의 무덤 근처에는
진묘수鎭墓獸가 있다. 지나인의 무덤에는 사후세계에서 불편함
이 없도록 값진 물건을 함께 묻는데, 그것을 도난당하지 않도
록 무덤을 지키는 게 진묘수다.(사진 27) 초원의 몽골왕조에 공
헌하면서 지나풍의 장례 의례를 한 것 자체가 다양한 문화가
동시에 꽃피우고 있었던 증거라고 할 수 있다. 그러나 장응서
의 진묘수는 문화혁명 때 중국인이 모두 쓰러뜨렸다.

다양한 문명이 풍부했던 몽골제국

몽골인이 수용한 금욕적인 티베트 불교

키타이와 대하, 그리고 송을 포함해서 탄생한 다민족·다종교의 몽골제국은 유교·불교·도교 세 가지 종교가 공존하고 융합한 시대로 알려져 있다. 하지만 원나라의 지배 아래에 있었던 지나인의 근저에는, 앞서 언급한 것처럼 현실적인 도교의 가르침이 강하게 자리 잡고 있었다.

이 시대는 현실주의 민간 신앙 도교와 아미타불 신앙과 미륵불 신앙의 동화가 급속히 이루어진 시대이기도 하다. 아미타불 신앙은 나무아미타불이라는 육자명호를 외우면 사후에 극락정토로 갈 수 있다는 것이다. 여기에서 말하는 미륵불 신앙은 미륵불하생 신앙으로, 천하태평을 실현하는 미륵보살이 이 세상에 나타나기를 기도한다.

　미륵불하생 신앙을 실천한 사람으로는 백련교단에서 태어난 주원장을 들 수 있다. 유라시아 역사학자 스기야마는 다음과 같이 주원장을 묘사하고 있다.(스기야마 마사아키·기타가와 세이이치, 앞의 책)

　'현실의 주원장은 악의 덩어리라고 해도 좋을 만큼 본바탕이 나쁜 인물이었다. 위로 올라가는 과정에서 얼마든지 사람을 배신하고 아무렇지도 않게 옛 주인과 친구를 죽였다. …… 세계 역사상 주원장 같은 사례는 쉽게 찾을 수 없다.

　…… 백련교의 메시아 사상이 그의 안에 살아 있고, 자신이야말로 중생을 구하기 위해 세상에 내려온 미륵이라고 생각했을지도 모른다. 이를 위해서 구원받는 중생은 희미하고 덧없는 존재여야 하며, 구원해야 할 자신은 절대 유일의 권능자가 아니면 안 됐던 것일까. 어쨌든 '대명'이라는 국호부터 백련교의 냄새가 강하다. 그리고 아마도 그에게 인간다운 마음은 더는 존재하지 않았을 것이다.'

　백련교계 종교 결사에서 현대의 의화단이 탄생했다.(1900~01년의 '의화단 사건') 의화단은 비밀결사다. 비밀결사는 정치 상황이 불안정해지면 급속히 힘을 키워 국가 전복을 꾀한다. 그리고 국가가 자신들을 지켜주지 않으면 스스로 어떻게든 하겠다고

마음먹는다. 이것은 의화단이 내걸었던 반외국주의(부청멸양共淸

滅洋, 청을 도와 서양을 물리친다)로도 직결된다. 현대 중국에 반일 감

정이 뿌리 깊게 남은 데는 여러 가지 이유가 있겠지만, 백련교

적인 사고방식이 계속 중화 문명 속에 존재하고 있다는 점도

빠뜨릴 수 없는 이유다.

　　중국인이 도교를 소중히 한 반면, 유목민인 몽골인의 근저에

흐르고 있던 것은 샤머니즘이었다.

　　원의 수도는 대도大都(현재의 베이징)였는데, 그곳에는 태조 칭

기즈칸이 샤머니즘 신앙에 따라 모셔져 있었다는 기록이 『원

사元史』등에 남아 있다.

　　오르도스에는 원나라시대부터 이어져 온 칭기즈칸을 모시

는 정치 의례가 있다. 대도에서 했던 정치 의례를 계승한 것이

다. 칭기즈칸의 직계 후손들이 하얀 말에 비단을 바치는 의식

| 사진 28 |
13세기 이후부터
이어져 온 칭기즈칸
제사의 풍경. 하얀
말을 칭기즈칸이 타
던 말의 환생이라고
여긴다.

이 있다.(양하이잉, 『칭기즈칸 제사』) 사람들은 그 말이 칭기즈칸이 생전에 타던 말의 환생이라고 여긴다.(사진 28)

| 사진 29 |
| 사진 29 |
오르도스의 칭기즈칸 제전 앞에 서 있는 공자 가봉加封(나라의 공을 세운 인물 등이 죽은 뒤 그 관직을 높여 줌) 비. 원래는 시린골 초원에 있었다.

거듭 이야기하는 것처럼 몽골제국, 원나라는 종교에 관용적이어서 티베트 불교가 국교의 지위에 있었지만, 지나인의 유교도 융성했다. 내몽골의 초원에는 공자를 숭상하는 몽골제국 시기의 비석도 남아 있다.(사진 29)

몽골제국의 티베트 불교는 황실에서는 높은 지위를 얻었으나 초원의 유목민 사회에는 얼마나 침투했는지 알 수 없다. 16세기 이후 몽골인은 다시 티베트 불교를 신앙하는데 유목민의 정체성을 가진 몽골인이 금욕적인 티베트 불교를 받아들이기에는 고통이 따른 것 같다.

몽골 고원에 있는 도시 카라코룸은 몽골제국의 수도였고, 그 주위로 약간 높낮이가 다른 초원이 펼쳐져 있다. 티베트 불교가 다시 스텝 초원에 퍼지자 초원의 승려들은 예전에 제국의 수도에서 사용된 석재와 벽돌을 사원 건축에 활용해서 새롭게 엘데니 조라는 사원군群을 만들었다.

| 사진 30 |
여성 신체의 비부라
고 해석한 초원의
풍경.

| 사진 31 |
초원에 있는 '금욕
의 남근'의 모습.

    티베트 불교의 승려들은 엘데니 조 사원군의 뒤쪽에 있는
골짜기를 요염한 여성의 비부(오투켄)라고 해석했다.(사진 30) 그
래서 남근을 닮은 돌을 부러진 상태로 초원에 두었다.(사진 31)
일본의 여러 신사가 남근을 훌륭한 신체神體로 다루는 것과 정
반대다. 여성의 몸에 비유한 초원의 골짜기에 절단한 남근을
배치해서 자유분방한 초원의 사람들을 금욕적으로 바꾸려 한

것이다. 승려들이 '금욕의 남근'을 주술적으로 배치한 땅은 바로 흉노와 투르크시대부터 끝없이 유목민에게 사랑받아 왔던 '오투켄의 땅', 즉 '대지의 어머니신의 땅'이다.

기독교와 이슬람교의 침투

그렇다면 기독교에 대해서는 어떠했는가. 845년에 고대 기독교의 교파 중 하나인 네스토리우스파(당나라시대에는 경교라고 불림)가 전해진 이후, 고대 지나에서는 정착하지 않았다. 그러나 몽골 고원에 스며들어 13세기에 케레이트와 온구트 등 유력 부족이 신봉했다는 설이 있다. 유럽에서 당시 가졌던 '프레스터 존Prester John'이라는 환상은 그 부족들의 칸 중 하나였을지도 모른다. 프레스터 존은 서구에서 12세기부터 16세기에 걸쳐 아시아 또는 아프리카 어딘가에 존재한다고 믿었던 기독교 국가의 국왕을 말한다. 유럽인들은 프레스터 존이 이끄는 군단이 이슬람 국가를 물리쳐줄 것이라 믿었다. 서양에 환상이 생겨난

| 사진 32 |
오르도스에서 옛날부터 제사를 지내 온 몽골군의 군신(차간 술데)의 모습. 하얀 매의 문장이 있다. 이 문장을 서양인들은 십자가로 착각했다.

이유는 몽골군이 내걸고 있던 군기 때문이었다고도 한다. 군기에는 몽골인이 신성시하고 있는 하얀 매의 문장이 그려져 있었는데, 그것이 마치 십자가처럼 보였던 것이다.(사진 32)

13세기에 이르러 몽골 고원에 기독교가 뿌리를 내린 계기는 1268년 네스토리우스파 기독교도였던 마르 세르기스가 원나라를 방문해서 황실에서 일하게 된 일과도 관계가 있다. 그 뒤 1294년에는 로마 교황 니콜라우스 4세가 파견한 조반니 다 몬테코르비노가 몽골제국의 수도로 찾아가 현재의 내몽골 초원에 로마 교회당을 세웠다. 이것이 초원의 몽골인 등의 유목민이 가톨릭으로 개종하는 결정적 계기가 됐다. 유력 부족 온구트에도 기독교 신자가 많았다. 온구트가 살던 지역에서는 시리아 문자로 새겨진 기독교도의 묘비가 많이 발견됐다.(사진 33) 몽골 고원의 중북부에 살고 있던 유력한 투르크계 유목민 중

| 사진 33 |
내몽골 중앙에서 출토된 네스토리우스 교도의 묘비.

| 사진 34 |
현대 오르도스 몽골
인의 교회.

하나였던 케레이트도 대부분 네스토리우스파 기독교 신도였
다. 또한 케레이트 여성은 대대로 칭기즈칸 집안으로 시집갔
다. 나를 포함한 오르도스의 몽골인 대부분은 고대 케레이트의
후예라는 정체성을 유지하고 있다. 사사로운 일이라 좀 민망하
지만, 우리 일족은 "뼈는 케레이트고, 가문은 오노스"라고 말
한다. 나는 오노스의 단수형인 오노에 한자 大野를 붙여서 일본
성을 만들었다.

　지금도 오르도스에는 기독교도인 몽골인이 약 4,000명 정도

| 사진 35 |
베이징에 있는 키타
이시대에 세워진 이
슬람 사원 모스크.

살고 있다.(사진 34) 그중에는 원나라 때부터 기독교인이었던 집
안의 사람도, '임금님 귀는 당나귀 귀'의 민화를 유럽으로 가지
고 돌아간 벨기에인 같은 19세기 선교사를 통해 개종한 이들
의 후예도 있을 것이다.(마쓰다 고이치松田孝一, 『오론슴의 발견과 역사』)
참고로 가톨릭 본부는 벨기에의 수도 브뤼셀에 있다. 본부 성
직자들은 지금도 오르도스를 방문하고 싶어 하지만, 중국이 막
무가내로 허용하지 않고 있다. 몽골인의 문화는 세계적임에도
중국은 자신의 지배권 안에 있는 몽골인을 최대한 동화시키고,
외부와의 관계도 끊으려 하고 있다. 관용적인 유목민의 제국과
는 정반대의 정책이다.

이어서 이슬람에 관해 이야기해보자.
베이징에는 지금도 키타이 시기에 세워진 모스크가 있다. 중

앙아시아에 있는 모스크처럼 보이지 않을 수도 있지만, 우가牛街에 있는 청진淸眞 예배사禮拜寺다.(사진 35) 요나라 통화統和 14년(996년)에 건립된 것이다. 요나라를 바꿔 말하면 대키타이국이니, 이슬람은 키타이시대에 이미 오늘날의 난징南京에 사원을 둘 정도의 힘을 가지고 있었다고 하겠다.

이슬람은 몽골제국 수립 후 신비주의 교단의 수피(신비주의자)들의 활약이 더해져 초원에서 퍼져나간다.

수피는 기적을 일으킨다.(하마다 마사미, 『동투르키스탄·차가타이어 성자전聖者傳 연구』) 이들은 입에서 불을 뿜거나 손가락 하나로 씨름 선수를 넘어뜨리거나 하는 초능력자라고 알려졌다. 몽골인 사이에는 옛날부터 샤머니즘이 뿌리를 내리고 있었으므로, 그런 힘을 구사하는 수피의 모습은 샤머니즘과 겹쳐보였을 테니 개종도 비교적 자연스럽게 진행됐을 것이라고 보는 연구자도 있다.

| 사진 36 |
닝샤후이족 자치구 통신현에 있는 모스크. 몽골제국 시기의 티베트 불교 사원을 개조한 것이다.

어떤 종교가 다른 종교 신자들의 지역을 사상적으로 바꿔가는 도중에는 원래 있던 시설을 활용한다. 닝샤후이족 자치구 남부의 통신현同心縣에 있는 개성적인 모스크에서도 개종의 흔적을 발견할 수 있다. 이 모스크는 티베트 불교 사원을 모스크로 개조한 것이다. 내가 처음에 모스크를 멀리서 바라봤을 때는 아무리 봐도 티베트 불교 사원으로밖에 보이지 않았다. 가까이 가서 보고 나서야 모스크라고 확신할 수 있었다.(사진 36) 원래 티베트 불교를 믿었던 몽골인이 개종했는지, 아니면 그들이 철수한 뒤에 무슬림이 들어와서 이용했는지는 확인할 길이 없다. 다만 지금 칭하이성靑海省에서는 티베트 불교 교도와 무슬림이 아무렇지 않게 공존하고 있다. 무슬림 중에는 병에 걸렸을 때 티베트 불교 승려에게 약을 받아가는 합리적인 사고방식으로 생활하는 사람도 있다.

몽골제국 이후 수많은 몽골인이 이슬람으로 개종했지만 티베트 불교를 믿는 몽골인과 무슬림이 된 몽골인들은 모두 자신은 칭기즈칸의 후손이라는 정치적 이념을 공유하고 있다. 지금의 신장위구르 자치구 동부에 하미哈密시가 있다. 이 하미시에 있는 왕의 무덤도 이슬람풍의 건물이다. 하미왕은 칭기즈칸의 둘째 아들 차가타이의 후손이며 꽤 이른 단계에서 이슬람으로 개종했다. 우리 고향에서 탄생한 몽골어 연대기『몽골원류』등에서는 적어도 16세기까지는 그들과 오르도스의 귀족들이 서로 교류하며 '칭기즈칸의 후손'이라는 사실을 확인했다고 전한다.

'말'과 문자가 가진 의미

다시 문자 이야기로 돌아가 보자. 앞서 서하의 문자는 한자에서 파생된 것이라고 설명했다. 여담이지만 13세기를 무대로, 서하어로 된 불교 경전을 둘러싸고 탕구트와 몽골이 벌인 싸움을 그린 이토 유우 伊藤悠 의 만화 『슈토헬』은 참 재미있다. 이토는 이 만화에서 다음과 같이 로맨틱한 드라마를 전개하고 있다.

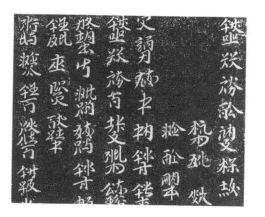

| 그림 1 |
거란대자.
출처: 다케우치 야스노리武内康則, 『최신 연구로 알게 된 거란문자의 모양』.

| 그림 2 |
거란소자.
출처: 다케우치 야스노리, 같은 책.

'13세기 초, 사상 최강의 몽골군이 악령(슈토헬)이라고 부르며 두려워한 여전사가 있었다. 예전에 그녀는 몽골의 위협에 떠는 서하의 병사 중 하나였지만, 수많은 사선을 뚫고 초인적인 힘을 손에 넣는다. 반면 몽골의 황태자 유루루는 적이 사용하는 서하문자에 매료되어서 위험을 무릅쓰고 서하문자를 지키려고 하는데…….'

거란대자契丹大字(그림 1) 또한 한자를 개조한 것이다. 거란대자는 920년에 만들어진 표의문자다. 서하문자(그림 3)와 마찬가지로 한자와 모양이 비슷하지만, 한자문화권에 속한 사람들이라도 대부분 읽을 수 없다.

키타이어는 몽골계의 말이다. 키타이인은 대소 두 종류의 문자를 만들었다. 한자에서 파생된 것이 거란대자, 표음문자 쪽이 거란소자契丹小字(그림 2)다.

서하도 키타이도 한자를 그대로 사용할 수 있었는데 굳이 변형해서 사용했을까.(그림 3) 그것은 인접한 지나에 동화됨을 우려했기 때문에 시행한 문명학적 전략이었다. 일본에서 보면 지나는 바다 건너에 있는 나라지만, 키타이와 대하가 볼 때는 연결된 땅에 존재한다. 한자를 도입하고 그 문화를 받아들이면 나라마저 끌어들이게 되는 건 아닐까 하는 엄청난 경계심을 가지고 있었다. 오리지널 문자의 창출은 독자적인 문화를 유지하기 위해서였다.

| 그림 3 |
서하문자. 벨기에 스
큐트박물관 소장.

　몽골 고원의 유목민족은 언어에서만큼은 계속 서쪽 것을 도입해왔다. 투르크가 사용한 룬문자도 그렇고 키타이나 대하, 다음 장에서 자세히 볼 금나라 역시 마찬가지였다.

　거란문자는 대키타이국 멸망 후에도 남아 있었다. 내몽골 사회과학원 연구자 맹지동孟志東에 따르면, 청나라 후반 도광제道光帝에 이르기까지, 윈난성의 몽골인 묘지의 비문에 키타이문자가 사용됐다고 한다. 쿠빌라이칸은 송나라를 정복하기 전에 윈난을 함락시켰다. 그곳에서 북상해서 송을 누를 때 군대는 몽골에 귀순한 키타이인들로 구성됐다고 한다. 그들 중에는 윈난에 그대로 주둔하면서 자손을 남긴 사람도 있다. 지금의 윈난에 사는 몽골인 가운데는 키타이의 자손이 적지 않을 것이다. 현재 몽골인이라고 불리고 있는 윈난성의 키타이 후예들 가운데는 아阿라는 성은 키타이의 태조 야율아보기의 아에서 유래했다고 현지에 전해지는 족보에 나와 있다.

　내몽골 북동부에 있는 후룬 보이르에는 다우르라는 유목·수렵민족이 있다. 옛날에는 다우르 몽골이라고 자칭하던 그들이 최근에는 '거란의 자손'이라고 주장하고 있다.(맹지동, 『윈난 거란 후예 연구』) 그들이 사용한 다우르어는 분명히 몽골계 말이다.

그렇다면 대하의 후손은 어디에 있는 걸까. 오늘날에는 동티베트에 있는 강족羌族이 대하의 후손으로 주목받고 있다.

제6장
마지막 유라시아제국, 청

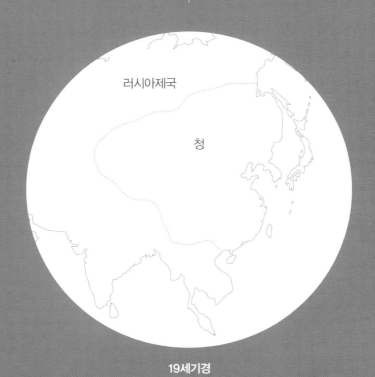

러시아제국

청

19세기경

주셴(여진)인이 세운 금왕조와 후금

예절을 중시하는 유목민

청나라는 만주인이 건립한 제국이며, 중앙유라시아 최후의 제국이기도 하다. 1636년에 세워져 1912년에 멸망했다. 러시아 제국은 1917년에, 오스만 제국은 1922년에 붕괴했으니 때를 거의 같이해서 유라시아의 제국들이 막을 내렸다.

청나라가 남긴 유산도 내 고향 오르도스에 있다. 특히 청나라의 네 번째 황제였던 강희제가 오르도스 땅에서 사냥이나 여행을 했다는 이야기가 많다.

오카다의 『강희제의 편지』에는 강희제가 여행지에서 베이징에 있는 자식에게 쓴 편지가 수록돼 있다. 강희제는 글을 많이 쓴 사람이었다. 예를 들면 1696년 11월에 그는 후허하오터에서 황허를 건너 오르도스 고원에서 사냥을 즐기고 있었다. 당시 동투르키스탄과 서투르키스탄 양쪽에서 번성했던 몽골인의 왕조, 준가르칸의 나라를 정복하러 나갔던 동안에 있었던 일이었다.

강희제는 자식에게 보내는 편지에 이렇게 적었다.

'강을 건넌 즉시 몰이사냥을 했다. 토끼와 꿩이 아주 많다. 꿩을 쏘려고 하면 토끼를 소홀히 여기게 된다. 토끼를 쏘려고 하면 꿩을 소홀히 대하게 된다. 이러지도 저러지도 못해 충분히 잡을 수 없었다. 토끼는 마흔 마리 정도, 꿩은 열 마리 정도 잡았다. 꿩은 살이 올라 있었다.'

'내가 오르도스 땅에 도착하자마자 오르도스 사람들의 생활이 훌륭하고 예의는 옛 몽골의 전통을 조금도 잃어버리지 않았다는 것을 알았다.'

'오르도스 사람들의 생활 상태는 정연했다. 가축이 풍부하고 좋은 말이 많다. 차하얼의 생활 상태에는 조금 못 미치지만, 다른 몽골인들보다 훨씬 풍요롭다. 토끼를 말 위에서 쏘는 게 훌륭하지는 않으나 매우 익숙한 것 같다.'

오르도스의 몽골인은 이때도 토끼를 사냥하고 있었다. 지금도 몽골인들은 겨울이 되면 사냥을 해서 토끼나 여우를 지나인에게 팔고 있는데, 이 생활습관이 적어도 강희제 때부터 계

속 이어졌다는 사실을 확인할 수 있는 대목이다.

강희제의 편지에서 또 하나 알 수 있는 것은 '예의는 옛 몽골의 전통을 조금도 잃어버리지 않았다'는 점이다. 예나 지금이나 몽골인을 비롯한 유목민은 '요슨' 즉 예절을 목숨처럼 소중하게 여긴다.(사진 1) 이런 가치관은 위구르인이나 카자흐인, 모든 투르크계 사람들, 그리고 아프가니스탄에 있는 파슈툰 사람들과도 같다. 유목민은 의리와 인정을 중시하고 다른 사람을 극진히 대접하는 문화를 가지고 있다.

2001년 9월 11일 미국에서 발생한 동시다발 테러 사건을 지휘한 오사마 빈 라덴은 한때 아프가니스탄의 파슈툰인 집에 머물고 있었다. 파슈툰인이 그를 숨겨준 것은 빈 라덴이 아프가니스탄 사람들을 위해 소련과 싸운 실적이 있기 때문이라고 말하는 사람도 있지만, 그뿐만이 아니다. 유목민인 파슈툰 사람은 누군가가 도움을 요청하면서 집으로 왔는데 그를 적에게 넘겨준다는 건 말도 안 되는 행위로 여긴다. 그것이 유목민의 가치관이다.

이것은 지나인의 가치관과는 정반대다. 그래서 유목민과 지나인은 서로 받아들이지 못한다. 도교나 유교의 가치관을 바탕으로 한 한문 서적에 그려진 유목민은 대체로 야만적이고 예절을 모르는, 거칠고 촌스러운 사람들로 나온다. 하지만 그것은 글을 쓴 지나인이 이상으로 여기는 유교적 예절과 유목민이 생각하는 명예, 의리와 인정을 중시하는 예절이 다르기 때문이다. 무엇보다 가지고 있는 유교적 이념이 훌륭한 지나 사람은 극히 일부의 지식인이며, 역사적으로 계속 압도적인 다수를 차지한 서민은 난해한 한문을 읽을 수 없었기 때문에 책에서 강조한 예절과는 대부분 인연이 없었다.

더 염려스러운 건 1949년 공산혁명으로 마오쩌둥 등의 중국 공산당 지도자가 그때까지의 지나 전통문화를 파괴한 것이다. 실권을 잡은 농민과 노동자 계급 출신들은 청소년 시기에 충분한 교육을 받지 않았기 때문에 오랜 유교풍 품격이나 세련된 기준을 철저하게 부정하고, 거칠고 촌스러운 것이야말로 훌륭하다고 단정했다.

대표적인 예가 문자다. 1980년대까지 중국에서는 '서툰 글씨'야말로 훌륭하다고 여겨졌다. 그것이 바로 '인민의 글씨' '노동자 계급의 글씨'라는 것이다. '능숙한 글씨'는 부르주아적이라며 부정되었으므로 공산혁명 이후부터 문화혁명기에 태어난 세대는 나를 포함한 모두가 글씨를 못 쓴다.

학문을 경시한 일화는 이것뿐만이 아니다.

1970년대에 이르러 문화혁명의 혼란도 진정되면서 대학입학시험이 부활했을 무렵에는 이런 일도 있었다. 문화혁명의 피해자라고 할까, 농촌에 하방下放(중국에서 당의 간부·지식인·학생 등이 농촌이나 공장에 가서 실제로 노동에 참여하는 일)되는 스무 살 전후의 대학 수험생은 문맹세대였으므로 필기시험을 봐도 문제를 풀지 못했다. 나는 당시 중학생이었으나 시험 감독을 도왔기 때문에 똑똑히 기억하고 있다. 수학이나 화학 등의 문제는 중학생인 나조차 쉽게 풀 수 있는 수준이었는데, 수험생은 고개를 갸웃하고 있었다. 미개한 공산당원이 낳은 문맹세대는 시진핑 중국 국가주석과 같은 세대의 사람들이다.

그런데 시험은 못 봐도 머리 회전은 좋은 수험생이 있었다. 랴오닝성遼寧省 싱청興城 출신 장티에셩張鉄生이다. 그는 1973년 6월 대학입학시험 때 답안지에 문제의 답 대신 '존경하는 지도자께'라는 제목으로 당 중앙에 충성을 다하겠다는 취지를 담은 편지를 썼다. 마오쩌둥의 조카 마오유안신毛遠新 랴오닝성 지도자는 바로 이것이야말로 중국이 요구하는 대학생이라며 전국적으로 '반反조류潮流의 영웅'이라고 극찬했다. 하지만 우리 중학교 선생님은 "장티에셩처럼 무식하고 몰상식한 인간이 되지 말라"고 말하며 작게나마 저항했다.

이야기를 예절에 대한 사고방식으로 되돌리자. 유목민과 지나인의 예절은 상반된다. 그리고 한문 서적에 밝은 사람일수록 유목민은 매너를 모른다고 생각한다. 이를 실감하는 사건이 몇 년 전에 있었다.

일본의 연구자들과 몽골 현장 조사에 나갔을 때의 일이다. 그곳에 사는 사람들의 천막을 찾아갔을 때 식사 대접을 받았다. 그들에게는 그것이 예절이기 때문에 고맙게 호의를 받아들이기로 했다. 그런데 일본인 연구자 중에는 '유목민은 좋게 말하면 자유분방하고, 나쁘게 말하면 무엇을 해도 신경 쓰지 않는 사람들'이라고 굳게 믿고 있는 사람이 있었다. 지나인의 한문 서적에서 그렇게 배웠을 것이다. 그는 천막 주인이 "자, 드세요"라고 말하기도 전에 서둘러 식사에 손을 댔다. 천막 주인의 눈에는 그가 마치 중국인처럼 비쳤을 것이다. 내가 예절을 중시하는 전통이 유목 사회에서 무엇보다도 중요하다고 일본인 연구자에게 설명하고 나서야 그는 "오랜 오해가 풀렸다"면서 쓴웃음을 지었다.

송나라 중심 사관에 따른 왜곡

시대를 17세기로 되돌려보자. 그 시기 강희제는 유목민의 예절을 이해했다. 왜냐하면 사냥과 유목 양쪽을 영위한 만주인 강희제 또한 유라시아의 유목민적인 예절을 중시하는 사람이기

때문이었다. 그럼 몽골인의 눈에 만주인은 어떻게 비쳤을까.

내가 처음 만주인을 만난 것은 고등학생 때였다. 같은 반에 귀족 출신 만주인이 있었다. 그는 중국인, 즉 한인과도 크게 달랐다. 그의 행동은 매우 우아하고 품위가 있었다. 아마 17세기 몽골인도 강희제에게 품격을 느끼지 않았을까 싶다.

청나라의 자취는 오르도스의 남쪽에서 만리장성에 접하는 마을 위린楡林에서도 찾아볼 수 있다. 여기에는 수많은 석굴이 있는데, 그곳에는 만주문자로 머리글이 새겨져 있다.(사진 2) 이 만주문자는 몽골문자를 바탕으로 만들어진 표음문자이므로 몽골인은 읽을 수는 있지만 의미는 모른다. 만주문자에 관련해서는 나중에 다시 논의하겠다.

만추리아(만주)에서 나타나다

만주와 관련된 사항을 말할 때는 하얼빈을 언급하지 않으면 안 된다. 현재 헤이룽장성黑龍江省의 중심 도시 하얼빈역 앞에는 1909년에 이토 히로부미를 사살한 안중근 의사의 동상이 서 있다.

현재 하얼빈역 건너편에는 그랜드호텔이 있는데 이것은 당시 숙박업소였던 야마토료칸大和旅館이었다.(사진 3) 야마토료칸은 한때 러시아군 장교들의 거점이 있었다. 도로를 끼고 야마토료칸의 정면에는 일본 총영사관이 있었는데, 지금도 건물이 남아 있다. 이토는 러시아 재무장관과 회담하기 위해 하얼빈을 방문했다가 최후를 맞았다.

일본에서는 이 일로 하얼빈이 유명해졌지만, 하얼빈 주변은 12세기부터 13세기에 걸쳐 금왕조의 수도이기도 했다. 금왕조는 몇 차례 수도를 옮겼는데 첫 번째 수도는 오늘날 하얼빈에 위치한 상경회녕부上京會寧府에 있었다.

하얼빈은 겨울이 되면 얼음축제를 개최한다. 내가 방문했을 때는 설상이 아닌 얼음 조각품 중 하나에 '대금제일도大金第一都'라는 글이 내걸려 있었다.(사진 4) 여기는 '금왕조 제일의 도시'라는 뜻이다.

금왕조는 공식적으로는 '대여진금국大女眞金國' 만주어로는 '암반 주센 알텐 그룬'이라고 한다. '여진'은 '주센'이라는 음에 맞춘 문자다. 일반적으로 초대 황제 완안아골타完顔阿骨打(완옌아

구다)가 급격히 세력을 키워서 갑작스럽게 세운 왕조로 알려져

있다.(스기야마 마사아키, 앞의 책)

갑작스럽게 세워진 것처럼 보이는 건 그전에 이 지역과 관

런된 기록이 적었기 때문이다. 금왕조는 건국 후 키타이를 멸망시키고 1125년에 송까지 멸망으로 몰아넣는다. 이때 남쪽으로 도주한 사람들은 남송을 세웠는데 남송도 금왕조에 비단과 여성을 바치는 등 신하 격이 된다. 그것이 역사적 사실이다. 그러나 중국은 사실을 왜곡하고, 송나라 중심 사관으로 역사를 편찬하고 있다. 마치 송이 정통 왕조이며, 금왕조와 대키타이국, 탕구트인의 대하제국은 '송의 지방 정권'이었던 것처럼 다루고 있다. 이것은 명백한 잘못이며, 한족 중심 사관이다.

당시 몽골제국은 당연히 이 '잘못'을 허용하지 않았다.

어떤 왕조를 평정하고 새로운 왕조가 탄생하면, 멸망한 왕조의 역사를 편찬하는 게 새로운 왕조의 의무다. 어떻게 이전 왕조가 기울어지고, 멸망하고, 어떠한 정통성을 가지고 새로운 왕조가 탄생했는지 기록으로 남기지 않으면 안 된다.

몽골제국은 자신이 멸망시킨 키타이와 대하, 금, 송의 역사를 모두 평등하게 기록에 남기려고 했다. 스기야마에 따르면, '키타이에 대한 문헌 사료의 기둥인 『요사』는 대원 우르스(국가라는 뜻) 치하에서 『금사金史』『송사宋史』와 함께 1343년부터 1344년까지 국가가 편찬한 것'이라고 한다.(스기야마 마사아키, 앞의 책) 그러나 이때 옛 남송 영내인 강남江南에서 살아남은 지나인 문인 양유정楊維楨이 분개해서 몽골의 대칸에게 편지를 썼다. 그는 '송만 정통으로 하여 편찬해주길 바란다. 거란이나 금과 나란히 놓이는 것을 원하지 않는다'고 항의했다. 원왕조는 물론 웃어넘겼을 뿐, 비현실적인 지나인의 요구에 상대도 하지 않았다.(오카다 히데히로, 앞의 책) 후세에 세계의 역사학자는 적어도 '대등한 국가 속의 중화'로 북송·남송을 키타이·탕구트 등과 비교해서 위상을 따져야 한다고 하고 있으며, 많은 일본 연구자도 송에서 원으로 정권이 이어졌다는 '송원宋元 사관'에서 벗어나고 있다.(스기야마 마사아키,『세계사를 변모시킨 몽골』) 그러나 몽골제국이 멸망한 뒤, 역대 지나인은 다시 공허한 송 중심 사관을 주창하고, 중국 공산당 정권 출범 이후 점점 더 그 사관을 고집해서 오늘에 이르고 있다.

주자학과 한자

어찌됐든 금왕조는 참으로 유라시아적인 왕조였다. 예전의 유라시아적인 왕조와 거의 같은 정책을 폈으며, 키타이·탕구트와 마찬가지로, 독자적인 문자를 만들어냈다.(그림 1)

| 그림 1 |
여진문자.
출처: 스기야마 마사아키,『질주하는 초원의 정복자』.

1119년에 여진대자를 만들고, 약 20년 뒤에는 여진소자도 만들었다. 대자는 거란과 마찬가지로 한자를 개조해 만든 것이다. 1173년에는 지나풍의 한자를 사용하여 성으로 쓰는 것을 금지했는데, 지나화를 방지하려는 목적이 있었다.

여진문자는 금왕조가 멸망한 뒤에도 약 200년 동안 사용됐다. 이는 몽골제국이 금왕조를 멸망시키고도 그곳에서 사용되고 있던 문자를 금지하지 않았음을 의미한다. 거란문자도 청나라 도광제까지 윈난성 근처에서 사용됐다. 청나라 또한 문자 사용을 금지하지 않았던 것이다. 이들은 모두 문화의 다양성을 존중했다고 볼 수 있다.

1179년에는 주희朱熹라는 인물이 남송 조정에 상주하면서 시사時事를 논한다. 지식인인 주희가 황제에게 정권 운영과 국제 관계에 관해 적은 편지를 보냈다. 거의 전례가 없는 일이었으나, 황제는 주희를 매우 마음에 들어 했다. 그래서 중화의 남송이라는 국가가 어떻게 자리매김하고, 주위에 있는 '오랑캐' 국가와 어떤 서열을 이념적으로 만들 것인지 체계화하도록 했다. 후세의 거만한 '중화사상'의 기초는 이때 만들어진 것이다.

한편 지나풍의 성이 금지되기 18년 전인 1155년(다른 설로는 1162년도 있다)에 몽골 고원에서는 테무친이 태어났다. 이 인물은 1206년에는 유목 집단을 통일하고 칭기즈칸이라고 불리게 됐다. 이 무렵 금왕조의 관심은 몽골 고원이 아니라 남송에 쏠려 있었다. 금왕조가 수도를 하얼빈보다 남쪽에 있는 현재 허난성 카이펑으로 옮긴 것도 이 때문이었다.

남쪽에만 주의를 기울이고 있던 금왕조는 1234년 북쪽에서

처들어 온 칭기즈칸에게 멸망한다. 이후 몽골군은 더욱 남하했고, 1279년 남송을 합병해서 몽골제국을 세운다. 그리고 멸망한 나라의 역사를 똑같이 편찬했다.

멸망당할 때까지 남송에서는 신유교新儒教가 유행하고 있었다. 지나에서는 변함없이 도교가 종교의 중심이었지만, 거기에 옛 유교의 가르침을 조합해서 당시 '최신식'으로 새롭게 만든 종교가 지지를 받았다. 신유교의 골자는 앞에서 다룬 주희의 주자학이다.

주자학에서는 우선 군신 사이의 충성을 강조했다. 남송은 항상 국가 존망의 위기에 놓여 있었기 때문에 황제는 신하들에게 충성을 요구했고, 주자학은 매우 유용했다.

뒤집어서 생각해보면, 중화를 최상으로 삼고 그 이외의 모든 민족을 '동이나 남만, 서융과 북적'이라고 규정하는 주자학과 같은 사상을 짜내지 않으면 남송의 사람들, 특히 지식층은 자유롭고 매력적인 유목민의 왕조로 유출될 수밖에 없었을 것이다.

원나라는 송나라를 멸망시킨 뒤에 주자학마저도 부분적으로 보호하고 장려했다. 이 주자학은 일본에도 전해져서 도쿠가와시대에 이르면 한학이라고 불리게 된다. 어느 나라에서나 주자학은 지배자에게는 고마운 사상이었다.

1269년 몽골은 파스파문자를 국가의 글자로 제정하고, 위구르문자 병용을 인정했다. 그러나 한자를 국가의 글자로 삼는 행위는 허용하지 않았다.

파스파문자는 티베트문자의 일종인 표음문자로 나중에 고려에도 전해진다. 파스파문자를 사용한 지식이 기초가 돼서 고려에서 바뀐 조선의 세종대왕이 한글문자를 만들었다.(오카다 히데히로, 앞의 책) 한글을 창제한 이유는 계속해서 한자를 쓰다가 지나에 동화될까 두려워했기 때문일 것이다.

만주의 대두

이제 이야기를 14세기로 되돌려보자.

1351년에 홍건의 난(백련교도의 난)이 발발한다. 백련교도 등과 농민의 반란으로 원나라는 무너진다. 원나라 다음에 탄생하는 국가는 중화 중심으로 보면 명나라이나, 실제로는 권력의 진공 지대가 동북쪽에 생겨나고 있었다.

그곳에서 천천히 힘을 비축해 온 게 주셴인이었다. 1616년에는 누르하치(태조)가 후금국을 세운다. 후금국이라는 명칭은 물론 금왕조를 건립한 주셴인의 후예라는 정체성이 담겨 있다. 그는 1616년에 칸에 오른다.

1635년, 누르하치의 아들 홍타이지皇太極(태종)는 몽골제국 마지막 대칸인 릭단칸을 지금의 칭하이성 초원 지역까지 몰아붙여서 대칸의 옥새를 넘겨받았다. 옥새는 지나의 역대 왕조 및 황제에게 대대로 계승된 황제용 도장이다.(사진 5)

옥새에 관해서는 보충 설명이 필요하다. 그로부터 약 300년

전, 1368년에 명나라가 통일되고 몽골제국의 정권에 놓인 사
람들이 만리장성의 북쪽으로 쫓겨났을 때, 대칸은 옥새를 손에
서 놓지 않았다. 즉 명나라는 대대로 이어지는 지나의 역사에
없어서는 안 되는 '전통 국가의 옥새'를 손에 넣지 못했던 것
이다. 이 때문에 초원 유목민들의 연대기에서는 명나라를 정통
왕조로 인정하지 않았다.

  명나라 역시 그것을 잘 알고 있었기에 콤플렉스를 느끼고
있었다. 그래서 『명실록明實錄』에 여러 차례 보이는 것처럼, 몇
번이나 옥새를 손에 넣으려고 북쪽의 몽골 초원에 군사를 보
냈으나 그때마다 패배한다. 그리고 결국 옥새를 새롭게 날조하
는 폭거를 저지른다.

  몽골의 대칸이 원의 옥새를 계속해서 수중에 둔 건 아직 원
왕조가 멸망하지 않았다고 생각했기 때문이다. 보관해둔 원왕

조의 옥새는 1635년 홍타이지(숭덕제)의 손으로 건너갔다. 그렇게 홍타이지는 명실상부한 유라시아 동부 초원의 대칸이 된다. 유목민의 오랜 즉위 의례를 거쳐 칸으로 인정받은 것이다.

칭기즈칸 이후 칸이라는 이름을 쓸 수 있는 인물은 칭기즈칸의 직계 자손뿐이라는 규칙이 있었다. 이것은 몽골 고원만이 아니라 널리 유라시아 각지에 정착한 규칙이었다. 주센인은 오랫동안 몽골의 신하였기 때문에, 홍타이지도 그 규칙을 잘 알고 있었다. 그래서 칭기즈칸의 직계 자손이 아니지만, 유목 사회의 전통에 따라 옥새를 넘겨받는 의식을 거쳐 칸이라는 이름을 쓰게 된다.

새로운 칸 홍타이지가 1636년에 새롭게 제정한 국호가 '다이친'이다. 한자로 바꾸면 대청大淸인데, 이것은 '큰 청'이 아니라 단순히 음에 맞춘 글자다.

몽골인이나 주센인 모두 다이친이라고 불렀고, 만주의 위정자를 칸이라고 불렀다. 만주 황제라고는 부르지 않았다. 그들이 황제라고 부르는 것은 지나의 위정자였다.

옥새의 양도를 거쳐 몽골인과 주센인은 파트너가 됐다. 다이친은 몽골의 힘을 빌려 지나를 정복하고, 지나를 흡수해서 청 왕조를 만들었다. 현재 지명으로 사용하는 신장新疆이라는 말은 약 120년 후인 1759년에야 나타난다. 그 근처에 있던 몽골인과 투르크인이 청에 귀순함에 따라 청왕조에 새로운 국토가 추가되면서 생긴 '새로운 땅'이라는 뜻이다.

홍타이지는 1636년에 국호를 다이친으로 하고, 주셴인이라
고 부르던 사람들을 서서히 '만주'로 통일했다. 만주의 유래는
문수보살(범명^{梵名} 만주슈리는 대승 불교의 숭배 대상인 보살 중 하나. 학문
과 지혜를 관장하는 부처)이다.

지나 북부에서는 오래전부터 문수보살 신앙이 있었는데 탄
압을 받아 중심지가 동북으로 옮겨가고, 그곳에서 유목민의 지
지를 얻었다. 주셴인 사이에서도 문수보살 신앙이 뿌리를 내리
고 강해져서 그들이 만주를 자칭하게 됐다.

문수보살은 왼손에는 경전을, 오른손에는 검을 가진 지혜와
학문의 신이다. 예절과 학문을 중시하는 유목·수렵민족에게
그 가르침은 위화감 없이 받아들여졌다. 문수의 지혜를 내려
받은 인간이 만주인인 셈이다.

그렇다면 '만주'라고 자칭한 조직은 도대체 어떤 민족으로
구성됐던 것일까.

만주인의 뿌리는 어디에서 찾을 수 있는가

한족에 흐르는 만주 몽골의 '피'

청나라 황제가 유목민에게는 칸이라고 불렸다는 사실에서 알
수 있듯이 당시 만주인 사회에는 유목민의 전통이 계승되고
있었다. 칸은 각 부족의 우두머리가 선거로 뽑은 부족회의의
의장 같은 입장에서 부족들의 결속을 강화했다.(스기야마 기요히
코杉山淸彦, 『대청제국의 형성과 팔기제』)

청나라는 유력한 부족이 뭉쳐 있었다. 8개 부족을 팔기八旗라
고 부른다. 부족마다 다른 깃발을 가지고 있었는데 정황正黃, 정
백正白, 정람正藍, 정홍正紅 기가 있었고 그 깃발에 테두리를 한 양
황鑲黃, 양백鑲白, 양람鑲藍, 양홍鑲紅 기가 있었다. 양鑲은 테두리라
는 뜻이다. 기의 차이는 만주인 사이에서 부족의 차이를 나타

냈다. 각 기에 속한 사람은 기인旗人이라고 불렸으며, 신분은 귀족이었으나 서서히 변질됐다.

다이친은 먼저 동북을 통일한 다음 몽골을 지배하에 넣었다. 그 뒤 만리장성을 넘어 명나라를 정복하는데, 그때는 만주 팔기와 몽골 팔기, 한군 팔기로 구성돼 있었다.

팔기가 처음 생겼을 때는 대체로 만주인으로 구성되었다. 거기에 새롭게 편입된 몽골인과 한인도 더해졌다. 이들에게는 아마도 각각 몽골인, 혹은 한인이라는 자각이 있었던 게 틀림없다. 그리고 그것이 몽골 팔기, 한군 팔기를 낳았다.

흥미로운 사실은 만주 팔기가 순수하게 만주인으로만 구성되지 않았다는 것이다. 몽골인이든 한인이든 원한다면 만주인, 기인이 될 수 있었다.

기인이 된다는 건 만주인의 삶과 가치관을 받아들여 만주인으로 사는 것이다. 출신이 몽골인이든 한인이든 관계없다. 이 사고방식은 제2장에서 언급한 흉노시대 때부터 변하지 않았다. 출신이나 얼굴 모양에 관계없이 무엇을 소중하게 여기고, 어떻게 사느냐로 누구인지를 규정하는 것이 유목민의 오랜 일반적인 사고방식이다. 말하자면 인종과 민족의 울타리를 초월한 가치관이다.

나는 이전에 조사를 하던 중에 유목민의 가치관이 반영된 삶을 다시 확인할 기회를 얻었다. 1990년대에 알타이 산맥에서 유목하는 카자흐스탄 사람들을 만났을 때 일이다. 그야말로 한인

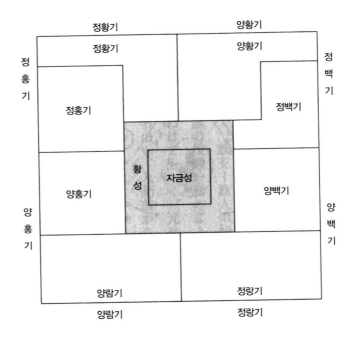

| 그림 2 |
베이징의 내성에 있
는 팔기의 배치.
출처: 스기야마 기요
히코, 앞의 책.

스러운 얼굴의 인물들이 있었기 때문에 그들에게 지나 사람이냐
고 물어보았다. 그러자 그들은 즉시 "아니, 카자흐스탄인이다"라
고 대답했다. 주위에서도 그걸 당연하게 받아들였다. 그러고 보
니 나의 어린 시절에 오르도스에도 뿌리가 한인인 사람들이 있
었으나 몽골인으로 받아들여졌다. 유목민에게는 그게 당연한 것
이다.

이야기를 기인으로 되돌리자. 만주 기인과 몽골 기인, 그리
고 한군 기인 모두 만주의 언어를 어느 정도 사용했을 것이다.
몽골인도 한인도 만주인과 혼인하면서 서서히 만주화가 진행됐다. 이들은 명나라의 영토를 손에 넣은 대칸과 함께 베이징에 들어갔다. 대칸은 자금성(현재의 고궁박물원)에 거처를 두었고, 주변에는 팔기가 자리 잡았다. 정백기, 정황기 등의 명칭은 후에 베이징이란 지명으로 정착됐다.(그림 2)

한인 기인

다시 헤이룽장성 하얼빈으로 눈을 돌려보자. 그곳에는 일제강점기의 대륙박물관을 그대로 계승한 헤이룽장성박물관이 있는데, 박물관 전시장에 기인과 민족의 관계를 '상징'하는 인물이 전시돼 있다.(사진 6)

19세기 지린^{吉林}장군 부명아^{富明阿}의 무덤에서 출토된 물품이다. 지린장군은 만주 발상지인 헤이룽장성과 랴오닝성, 지린성이라는 동북 삼성의 최고 지배자다. 부명아의 부라는 성도 만주인의 성이다.

이 부명아가 누구인가 하면, 명나라에서 병부상서를 맡은

| 사진 6 |
헤이룽장성박물관.
일제강점기의 문화
유산이다.

지나인 원숭환袁崇煥의 6대손이다. 원숭환은 명나라 군대를 이끌고 만리장성의 산하이관山海關을 지키는 임무를 맡았던 인물이다. 원숭환과 누르하치, 홍타이지에 관한 유명한 일화가 남아 있다.

원숭환 장군의 군세 덕에 방어가 견고하자 누르하치도 홍타이지도 좀처럼 만리장성을 넘지 못했다. 그러자 홍타이지는 지략을 강구해서 원숭환이 만주와 내통하고 있다는 거짓 소문을 퍼뜨렸다. 의심이 많은 명나라 황제는 소문을 그대로 믿어버렸고, 원숭환을 산 채로 온몸을 찢어 죽이는 능지처참에 처했다. 원숭환의 일족은 유랑민이 됐다. 한나라의 황제가 흉노에게 항복한 이릉 일족에게 내린 벌과 같은 가혹한 방법이었다.

원숭환의 아들인 원문필袁文弼은 후금의 군에 입대했다. 그곳에서 아버지한테 물려받은 능력을 발휘해 차례차례로 공을 세우면서 한군 팔기에 등용되기에 이르렀다. 원문필은 그때 만주풍의 성인 부를 받는다. 그러나 원 씨 성도 그대로 이어갔기 때문에 부명아는 원세복袁世福이라는 이름을 동시에 가지고 있었다.

부명아의 장남 수산壽山은 청일 전쟁 때 일본과 싸웠고, 의화단의 난 때 러시아군과 싸웠다가 패배했을 때 가족 동반 자살을 도모했다.(사진 7) 끝까지 대청을 위해 온 힘을 다한 가문이었다.

헤이룽장성박물관에는 수산에 관한 전시가 있는데, 그곳에 '한군정백기인漢軍正白旗人'이라는 문자가 붙어 있다. 이 일족의 뿌리가 한인인 것은 그때도 잘 알려진 사실이었다. 1911년

寿山将军戎装画像

12월에 몽골 고원이 독립을 선언하고 이에 큰 영향을 받은 청나라 칸이 사흘 뒤 정권을 포기했다. 그로 인해 청나라는 붕괴했고, 혁명이 없는 상태로 중화민국이 세워졌다. 처음에 중화민국은 오족협화五族協和(여기서 다섯 민족은 한족漢族·몽골족蒙古族·만주족滿洲族·회족回族(위구르)·장족藏族)를 주창했다.

이때 청나라의 기인이었던 사람들은 만주 기인도 몽골 기인도 한군 기인도 대부분 만주민족이 됐다. 청나라 300년을 지탱한 사람 대부분은 출신이 만주인지 몽골인지, 한인인지에 구애받지 않고 '만주민족'임을 선택한 것이다. 나중에 중화민국은 각지의 '만성滿城'에 주재하는 만주인을 대량 학살하기 시작했기 때문에, 기인 중에는 한족이라고 자칭하는 사람도 나타났다. 따라서 현재 한족을 자칭하는 사람 중에도, 만주나 몽골의 피가 흐르는 사람이 적지 않을 것이다.

황제는 신이다

이제 청나라의 여섯 번째 칸, 건륭제乾隆帝 이야기를 해보자.

건륭제는 당시의 칸에게 요구되던 대로 공용어인 만주어와 몽골어뿐만 아니라 한문에도 통달했다. 심지어 터키어나 아랍어도 배웠던 다재다능한 인물이었다. 당시 청나라 조정에서 일하고 있던 이탈리아인 화가 낭세녕朗世寧(카스틸리오네)이 그의 모습을 많이 그렸다. 그림 속에서 만주인인 건륭제는 말을 타고 있다.

청나라 칸은 대대로 여름에는 열하熱河(제홀, 오늘날 베이징 북쪽에 있는 청더承德) 근처에 있던 목란위장木蘭圍場(황실 사냥터)에서 사냥하는 게 통례였다. 보통 유라시아 유목민 지도자들을 초대해서 함께 즐겼다. 건륭제도 유목민의 가치관을 중시하는 유라시아의 대칸이라는 것을 과시하기 위한 퍼포먼스로 이들을 초청했다. 아무리 학문이 뛰어나도 말을 타지 못하거나 사냥하지 못하는 것은 칸의 불명예였기 때문에 무인으로도 충분한 실력을 가지고 있음을 목란위장에서의 사냥을 통해 널리 보여주었다.

건륭제는 목란위장이 있던 열하에 티베트 불교풍의 사원도

건립했다.(사진 8) 그것은 티베트의 고승들에게 주는 일종의 서
비스이기도 했지만, 건륭제에게는 신이 되려는 야심도 있었다.
지금도 남아 있는 그 사원에는 만주인이 모셨던 문수보살과
함께 건륭제도 보살로 묘사돼 있다.(이시하마 유미코石濱裕美子, 『청나
라와 티베트 불교』)

청나라 역사 전문가인 스기야마에 따르면, 청나라 칸은 여러
신분의 집합체다. 예를 들면 앞서 언급한 것처럼 청나라 사람
들이 보기에는 '팔기를 묶는 의장'이고, 몽골 왕후가 보기에는
'옥새를 가진 대칸'이며, 티베트의 고승들이 보기에는 '영향력
이 큰 시주'였다. 건륭제는 거기에 '살아 있는 신'이라는 신분
을 덧붙이려고 했다.

만주는 언제부터 지명地名이 되었나

일본인과 만주

지금까지 밝힌 바와 같이 만주는 같은 가치관을 공유하는 사람들을 가리키는 말이다. 그것이 언제부터인가 지명인 만주로 변해갔는데, 거기에 밀접하게 연관된 나라가 일본이다.

1644년 에치젠국越前國(현재 일본 니가타 주변)의 도우에몬藤右衛門 등 58명의 일행은 타고 있던 배가 난파해 투멘강으로 흘러들어갔다. 투멘강은 현재 중국과 북한 사이를 흐르는 두만강이다. 투멘은 몽골어와 터키어로 만万을 의미한다.

도우에몬 일행은 지역 주민에게 거의 살해돼서 15명만 살아남았다. 때마침 1644년은 만주가 명나라를 정복하고 베이징에 입성한 해였으므로 이들 15명도 이 무리에 합류했다. 그리고 3년 동안 만주어와 한문을 배우면서 생활하다 베이징, 조선, 대마도를 거쳐 일본으로 돌아간다. 당시의 일본은 쇄국정책을 펼쳤으므로 돌아온 일본인들은 막부의 조사를 받았다. 그 조사 기록을 바탕으로 편집된 책이 『달단표류기韃靼漂流記』(에도시대 초기 에치젠 상인이 쓴 달단(혹은 타타르, 청나라) 표류 기록)다.

만주의 역사문화를 연구한 에토 도시오衛藤利夫는 명저 『달단』에서 이 『달단표류기』를 언급한다. 여기서 주목해야 할 것은 달단이라는 명칭이다. 오늘날 일본에서는 달단 소바, 시바 료타로司馬遼太郎의 『달단질풍록韃靼疾風錄』, 러시아인 알렉산드로 보로딘의 오페라 〈이고리 공〉의 달단인의 춤, 셰익스피어의 『한여름 밤의 꿈』(후쿠다 쓰네아리福田恆存 번역본)의 요정 퍽의 대사에 등장하는 '달단인의 화살' 등으로 친숙할지도 모르지만, 달단이라는 말을 정치적으로 사용했던 것은 명나라 때의 일이다.

달단은 고대 지나인이 이민족을 차별적으로 부를 때 쓰던 말이다. 명나라는 특히 몽골인을 가리키는 단어로 사용했다. 당시 일본인은 한문으로 유라시아에 관한 지식을 얻었기 때문에 그 호칭에 의문을 갖지 않았을 것이다. 1809년에 사할린 조사를 마치고 귀국한 마미야 린조間宮林藏는 사할린 서쪽의 건너편을 동달단東韃靼이라고 인식해서 『동달기행東韃紀行』을 썼다.

그런데 같은 해인 1809년에 막부 천문방天文方(천문학과 지도 등을 담당하는 관료)을 맡은 다카하시 가게야스高橋景保가 만든 『일본변계약도日本邊界略圖』에는 동일한 지역이 만주라고 표시되었다.

또 1832년 다카하시와 교류하던 필립 프란츠 폰 시볼트의『일본』에는 만추레이Mandschurei라고 기록돼 있다. 이를 통해 유럽에 지명이자 민족명으로 전해졌다. 그전에는 유럽에서도 한문으로 정보를 입수하고 있었던 탓인지 그 지역을 '타르탈리아(달단)'라고 부르고 있었다. 오늘날 그 지역을 한국이나 일본에서는 만주, 서양에서 만추레이라 불리는 것은 다카하시 때문인데, 왜 그가 그 땅을 만주로 불렀는지는 밝혀지지 않았다.(나카미 다테오中見立夫,『'지역' '민족'이라는 만화경, '주변' '변방'이라는 가상공간』)

중국의 현대문화를 만든 만주인

만주는 1931년 만주사변을 계기로 이듬해 일본의 식민지가 되고, 만주국이 세워졌다. 이때 황제에 오른 것이 청나라의 마지막 황제 애신각라 부의溥儀였다. 애신각라는 청나라 황제 일족의 성인데, 여섯 번째 칸으로 스스로 신이 되려고 했던 건륭제에게도 애신각라 홍력弘曆이라는 이름이 있었다. 애신각라는 황금을 의미하며, 지금 현재 중국에 사는 만주인 중 금金 씨 성을 쓰는 사람은 애신각라의 후손이다.

만주국이 1945년 8월 소련·몽골인민공화국 연합군에게 무너진 후 그 지역은 일본의 지배에서 벗어났다.(사진 9)

또 일본에서도 이름이 널리 알려진 남장미인 가와시마 요시코川島芳子, 즉 애신각라 현우顯玗도 만주인이다. 그녀는 만주 청나

| 사진 9 |
내몽골 남부 장베이에 세워진 소련·몽골인민공화국 연합군의 승리를 기리는 기념물. 이곳은 고대부터 유목민이 남진하는 길이었다. 소련·몽골인민공화국 연합군은 일본을 쫓아냈으나 이후 중국의 내몽골 지배가 확립됐다.

라 황족인 숙친왕肅親王의 14번째 공주다. 청나라가 멸망할 때 일본 나가노현 가와시마 나니와川島浪速의 양녀가 되고, 나가노에서 소녀 시절을 보냈다. 그리고 중일 전쟁, 상하이사변에 적극적으로 관여했다.

중국에서 그녀의 평판은 대단히 나쁘다. 수동적으로 일본에 협력했다는 게 이유다. 그러나 진정으로 그녀가 원했던 것은 청나라의 부활이었다. 그녀를 움직이게 한 것은 만주인으로서의 자존심이다. 그녀가 짧은 기간 부부의 인연을 맺은 남편은 몽골인이며, 이름은 캉주르잡이었다. 이와 관련하여 관심이 있다면, 졸저 『티베트에서 춤추는 일본도』와 『일본 육군과 몽골』을 읽으면 된다.

가와시마의 소원은 이루어지지 않았고 청나라가 다시 일어나는 일은 없었지만, 그들 청나라인은 위대한 유산을 남겼다. 지금 중국에서 쓰이는 표준어는 베이징어를 바탕으로 한 것인데, 베이징어는 영어로 만다린Mandarin이라 불렸다. 이 만다린은 만대인滿大人에서 비롯됐다. 만대인은 만주의 대인, 만주의 신분이 높은 사람 즉 기인이다. 만주 기인들이 사용하고 있었던 말이 지금의 중국어(표준어)의 골격이 된 것이다. 그전까지 베이징에 사는 사람과 상하이에 사는 사람, 대만에 사는 사람 사이에 말로 통하는 '중국어'는 없었다.

또 지금의 중국이 몽골과 티베트, 그리고 신장위구르 지배를 주장하면서 내세운 직접적인 근거는 만주인의 청나라가 그렇게 했기 때문이란 데 있다. 그러나 만주인의 청나라는 그때까지의 제국과 비교해서 제국의 외부와의 관계가 질서정연했다. 류큐琉球도 사정권에 넣으면서 제국으로서의 청나라의 모습을 모색하고 있었다.

현재는 만주어를 말할 수 있는 사람이나 읽을 수 있는 사람이 점점 줄어들고 있다. 중국(한족)으로의 동화가 진행되고 있기 때문이다. 그러나 신장에서 생활하는, 중국이 시보족이라고 부르는 수만 명은 실제로 만주인이다. 그들은 고궁박물원에 잠들어 있는 엄청난 양의 만주어로 쓰인 고문서의 정리를 담당하고 있다.

　마지막으로 하나만 더 청나라의 유산을 소개하고 이 장을
마치겠다.

　'차이나 드레스'를 중국에서는 치파오旗袍라고 한다. 기인의
드레스란 의미다. 차이나 드레스는 한족의 민족의상이 아니라
만주의 여성이 입었던 드레스였다. 깊은 옆트임은 말을 타기
위한 것이다.

　여러분이 '중국' '한족'의 것이라고 생각하는 다양한 유산이
나 물품들이 실제로는 그렇지 않다는 사실을 알았으면 좋겠다.

관우의 권세를 빌리다

내가 볼 때 일본인은 위·촉·오 삼국이 패권을 다툰 삼국시대
를 다룬 역사 이야기 『삼국지』를 무척 좋아한다. 그중에서도
관우關羽는 인기 있는 캐릭터 중 하나다. 도쿠가와 이에야스德川
家康도 관우를 높이 평가했다. 지나인 통치자들 역시 관우를 좋
아했다. 그가 어떤 일이 있어도 형 유비劉備를 섬긴 충의忠義의
화신이었기 때문이다.

　만주의 칸도 한족이 반란을 일으키지 않도록 하는 데 관우
를 이용했다. 곳곳에 관제묘를 세우고 그곳에 '충의절륜忠義絶倫'
네 글자를 새긴 간판을 걸어 관우 숭배를 권장했다.(사진 10)

　오르도스 고원에 가까운 산시성陝西省 안, 만리장성 아래에 건

| 사진 10 |
산시성陝西省 북부, 만리장성의 아래에 세워진 관우의 묘.

| 사진 11 |
오르도스 고원 남쪽에 있는 장성. 이곳은 유목 문명과 중화 문명의 경계다.

립된 관제묘에는 당연히 관우가 크게 그려져 있다. 다만 관우의 가랑이 아래에 칭기즈칸도 묘사돼 있는 게 문제다. 이는 무엇을 의미하겠는가.

관우는 분명히 주군에 충성하는 사상의 상징이지만, 동시에 지나인의 군신이기도 하다. 그 군신이 몽골민족의 시조, 칭기즈칸을 가랑이 아래에 두고 마치 억누르는 것처럼 배치했다. 이것은 관제묘 건립을 맡은 한인이 얼마나 유목민을 두려워했는지 보여준다.

실제로 관제묘는 북부 지나의 만리장성을 따라서 많이 볼 수 있다.(사진 11) 한족이 모신 청나라의 상층부 만주인도 북쪽에서 온 유목민의 가치관을 가진 사람들이기 때문에 유목민의 상징을 지나인 군신의 가랑이 아래에 배치한 행위는 반청反淸사상이라고 받아들일 수 있다. 그럼에도 지나인은 유목민에게 또 공격당하는 걸 진심으로 두려워해서 이런 일을 행했다.

제7장
중국은 역사의 보복을 받을 것이다

21세기 현재

'종교는 아편'인 마르크스주의와
전제주의적 사상

문명사적으로 보는 중국인(한족) 정권의 공통적 약점

몽골인인 칭기즈칸과 그의 자손은 13세기에 한반도에서 동유럽에 걸친 광대한 제국을 창건했다. 몽골의 지배자들은 모든 종교에 포교의 자유를 주었고, 다양한 인종과 민족이 모여 문화와 경제 교류가 활발해졌다. 『동방견문록』을 쓴 베네치아 상인 마르코 폴로도 몽골제국의 일부를 이루는 원나라 관리에 등용된 후 윈난 등에서 징세의 실무도 담당할 정도로, 국제적으로 개방된 체제를 갖추고 있었다. 원나라뿐만 아니라 세계제국이라고 불릴 정도로 넓은 국토를 지배하기 위해서는 지배자는 모든 문화와 종교를 받아들이는 관용이 필요했다.

비교문명론의 관점에서 농경민인 지나의 역사 중 특히 종교

사상사를 돌이켜보면, 다민족·다종교의 공존을 실현한 시기와 실패한 시기로 크게 나뉜다. 흥미로운 것은 탁발·선비계의 수나라와 당나라를 비롯해 몽골인의 원나라, 그리고 만주인의 청나라 등 유라시아 유목민이 수립한 왕조는 종교적으로도 관대했으며 국제적인 대제국을 형성한 반면, 한나라와 명나라로 대표되는 지나인 즉 '한족'이 지배한 시기에는 종교 탄압과 다른 민족의 폭동이 끊이지 않았다는 사실이다. 지나인이 지배한 왕조는 대부분 신앙의 자유를 인정하지 않았다. 이 문명론적인 차이는 매우 크다.

청나라가 멸망한 뒤의 중화민국, 그리고 현재의 중화인민공화국은 모두 중국인(한족)의 정권이라고 할 수 있다. 그리고 지금도 티베트 자치구와 신장위구르 자치구, 그리고 내몽골 자치구 등을 중심으로 심각한 민족 문제를 안고 있음은 부정할 수 없는 사실이다.

또한 현재 중국이 가진 커다란 문제 중 하나로 종교정책을 들 수 있다. 지금의 중국은 겉으로는 헌법 제36조에서 '중화인민공화국 공민은 종교와 신앙의 자유를 가진다'고 인정하고 있다. 그러나 현실은 정부의 입맛에 맞지 않는 종교는 심한 탄압을 받고 있다. 예를 들면 1999년 4월 기공 집단인 파룬궁이 합법화를 요구하며 베이징의 중난하이中南海에서 약 1만 명이 연좌농성을 벌이자 당시 장쩌민 정부는 이들의 활동을 금지하고 신자를 단속했다. 기독교에 대해서도 지방 정부가 교회를 파괴하는 등 억압이 잇따르고 있다. 말하자면 중국 정부에 잘 맞는 종교는 '신보다 나라를 사랑하는 것을 가르치는 종교'인 셈이다.

당연한 이야기지만, 많은 종교에서 신과 종교 지도자의 존재는 국가의 권력자보다 위에 있다. 그러나 중국에서는 공산당이 지배하는 나라보다 신을 위에 두는 건 용서되지 않는다. 예를 들면 기독교의 경우 가톨릭계는 중국천주교애국회^{中國天主教愛國会}, 개신교계는 중국기독교삼자애국운동위원회^{中國基督教三自愛國運動委員会}라는 사회단체로 규정돼 있다. 모두 애국이라는 두 글자를 강제로 넣었고, 종교 시설의 입구에는 애국애교^{愛國愛教}라는 간판을 내걸어 종교보다 국가가 우선된다는 것을 강조하고 있다.(사진 1) 삼자^{三自}는 '자치^{自治}·자양^{自養}·자전^{自傳}'의 약자로 '외

| 사진 1 |
중국 남부 윈난성 사덴^{沙甸} 지역의 모스크에 내건 애국을 호소하는 간판. 사덴 지역의 무슬림은 중국 공산당에게 대량 학살당한 적이 있으므로 그들에게 애국을 강요하면 역효과만 부를 뿐이다.

국 세력으로부터 독립해서(자치), 성직자도 스스로 양성하고(자양), 독자적으로 전도 활동을 한다(자전)'는 뜻이다. 가톨릭계인 중국천주교애국회는 로마 교황이 가진 주교·사제의 서임권 등을 거부하고 있기 때문에 로마 교황청에서 이들을 가톨릭교회로 인정하지 않는다.

현재 중국에는 지하 교회, 혹은 가정 교회라고 불리는 비공인 기독교 집단이 있다. 가정 교회라고 해도 어느 마을 전체가 그 교회의 신자인 경우도 있고, 수백, 수천 명의 대집단을 형성하고 있는 경우도 있다. 삼자회나 애국회에 들어가지 않았을 뿐인데 정부 당국의 체포와 구속은 일상적으로 이루어지고 있어서 신자들과 정부의 갈등은 첨예화되고 있다.

지금의 중국인(한족)도 중화 문명의 계승자이고, 중국 공산당도 중화 문명의 산물이다. 중국 공산당은 '종교는 아편이다'라는 서양에서 생겨난 마르크스계열의 이데올로기를 내세우고 있지만, 근저에는 중화 문명의 전제주의적 사상이 깔려 있다.

지나에서는 종종 민중의 반란으로 왕조가 멸망했다. 대부분 반란의 방아쇠가 된 것은 종교 탄압이었다. 예를 들면 한나라가 무너진 계기는 중국 최초의 대규모 종교 반란이었던 황건의 난이었다.

몽골인의 원나라도 지나인의 백련교도가 반란을 일으킨 홍건의 난을 계기로 멸망했다. 원나라는 종교에 관용적이었지만 몽골인의 지배로부터 벗어나고 싶어 했던 지나인 일부가 백련교도를 이용했다. 그러나 원나라를 쓰러뜨린 주원장이 정권을 쥐자 손바닥 뒤집듯 백련교를 탄압했다.

백련교는 미륵보살이 현세에 내려와 새로운 세상을 만들고, 세상의 고통으로부터 모든 생명을 구한다고 설파하면서 현실 사회의 구조와 질서를 부정하는 가르침이다. 백련교의 가르침은 지하로 들어가거나 모양을 바꾸기도 하면서 현재로 이어졌다. 오늘날 중국은 종교를 대할 때나 소수민족을 대할 때 불신과 강압으로 임한다. 그리고 그것은 문명사적으로 볼 때 중국인(지나인, 한족) 정권의 지속된 약점이기도 하다.

현세 이익을 추구하는 중국인의 종교관

그렇다면 중국인의 종교관은 어떤 것일까.

중국인의 종교라고 하면, 제3장에서 언급한 것처럼 유교와 도교로 요약할 수 있다. 이 가운데 유교는 종교라기보다는 인생철학이나 통치방책이라고 하는 게 좋을지도 모른다. 『논어』에는 인간관계 등 현실적인 문제에 관한 해결책이 담겨 있지만, 신과 같이 현실 사회의 질서를 뛰어넘는 존재는 등장하지 않는다.

한편 도교는 중국의 토착적인 신앙의 집대성 같은 느낌이 있다. 가장 큰 특징은 현세에 관한 지나친 집착이다. 다른 종교 대부분이 사후세계에서의 구원을 바라는 반면, 중국인이 원하는 건 돈이나 출세처럼 살아 있을 때 얻을 수 있는 현세 이익이다.

중국인의 신앙에서는 사후세계조차도 완전하게 '현세화'된다. 사후세계에는 천제라고 불리는 신을 정점으로 한 관료 기구가 존재한다. 염라대왕은 생전의 언행을 바탕으로 죽은 자가 천국에 갈지, 지옥에 떨어질지를 결정하는 재판관이며 임기가 지나면 교체된다.

현세에 대해 보이는 집착이 단적으로 드러나는 게 불로장생에 대한 동경이 아닐까. 불로장생의 약을 만드는 '연단술鍊丹術'은 도교의 기본적인 요소다. 중국 최초의 통일 국가를 세운 진시황이 부하인 서복徐福에게 명해서 불로장생의 약을 찾게 했다는 전설은 이미 잘 알려져 있다. 놀라운 것은 마오쩌둥까지도 불로장생하려고 힘썼다는 점이다. 마오쩌둥은 호색가로 유명한데 그의 주치의였던 리즈수이의 증언에 따르면 '젊은 여성과 성행위하면 수명이 연장된다'는 도교의 가르침에 따랐다고 한다.(리즈수이, 『마오쩌둥의 사생활』) 비교문명의 관점에서 보면, 유목민의 리더 중에서는 도교 사상에 깊이 물든 중국의 지도자처럼 망상에 사로잡혀 종교적인 실천을 하는 사람은 별로 없었다.

3대 종교는 왜 중국에 정착하지 않았는가

종교는 문명의 한 요소다. 불교와 기독교, 이슬람이란 세계 3대 종교 모두 비교적 이른 시기에 지나에 전해졌다. 그러나 중심

| 사진 2 |
중국 정부가 파괴한 몽골 초원의 불교 사원. 중국 공산당도 중화 문명의 산물이다.

부에서는 자리 잡지 못하고 주변 지역과 그 민족이 받아들였다.(사진 2)

3대 종교 중 불교를 먼저 살펴보자. 불교는 기원전 206년부터 400년 가까이 지속된 한나라 때 들어왔다고 알려져 있다. 전래된 경로는 두 가지 설이 있다. 유력했던 설은 인도 북동부 아삼을 경유해 베트남, 라오스와 접해 있는 윈난 지방에 들어갔다는 남쪽 루트다. 그러나 최근에는 연구를 통해 파키스탄에서 아프가니스탄 바미안으로 이어지는 이른바 실크로드, 그것도 북쪽의 초원길을 거쳐서 몽골 고원에 전해졌다는 북쪽 루트가 유력해지고 있다.

당시 몽골 고원에는 흉노라고 불리는 유목민족이 있었다. 『위서』의 「석로전釋老傳」에는 '흉노의 선우는 황금 인형을 섬기고 있었다'는 기록이 나오며, 역사학자 사이에서는 그게 불상

이라고 추측하는 사람도 있다. 또한 불교 경전『무진보주無盡宝
珠』에는 황허의 북쪽, 현재 닝샤후이족 자치구에 흉노의 본거
지가 있어서 여름이 되면 불교의 수행자羅漢들이 수행했다고
적혀 있다. 하지만 지나인은 불교를 받아들이려고 하지 않았
다. 한나라의 제7대 황제 무제는 기원전 136년 유교를 관학官學
으로 정한 반면, 북방의 유목민이 지나의 북쪽 절반을 지배한
오호십육국 시기에는 불교를 포함한 모든 종교가 번영했다. 이
때 위나라 왕이 된 선비족 탁발규拓跋珪가 오늘날의 산시성山西省
의 다퉁大同과 허난성의 뤄양에 만든 석굴(바위산과 암벽을 파서 만
들어진 사원)은 세계문화유산으로 유명한 관광지가 됐다.(사진 3)

　6세기 말부터 10세기 초에 성립한 탁발·선비계의 수나라
와 당나라시대에도 불교가 번창했다. 수나라와 당나라는 모두
흉노·선비계가 뿌리인 탁발 왕조다. 이 시대에 견수사遣隋使와

견당사를 통해 일본으로도 많은 승려가 건너갔고, 불교 경전이 전해졌다. 일본에는 지금도 많은 불교도가 있지만, 지나에는 뿌리를 내리고 있지 않다. 이런 점에서 볼 때 탁발·선비계인 수나라와 당나라시대가 남달랐다고 생각하는 편이 좋지 않을까. 사토는 '북방 민족인 북위의 계통을 이은 당나라는 불교의 영향력이 강했고 헬레니즘적이었지만, 불교 국가가 되지는 않았다'고 평가하고 있다.(사토 기미히코, 앞의 책) 수나라와 당나라도 후반에는 결국 한없이 지나화된다. 유목민이 뿌리인 정복 왕조도 지나화되면 다양한 특징이 사라진다.

몽골 고원에 정착한 기독교

기독교는 당나라 시기에 전해졌다. 635년 네스토리우스파의 선교단이 장안에 들어갔으며, 3년 뒤인 638년 황제가 포교를 허락했다. 781년에 서안에 세워진 대진경교유행중국大秦景教流行中國 비의 비문에는 지나에 전해지기까지의 경위가 적혀 있다.

그러나 당나라 말기인 845년 포교가 금지됐다. 이때 교리를 전하던 사람들이 북방의 고원 지대로 도망가서 고원 지대의 유목민 사이에서 퍼졌다.

12세기 말, 유목민족의 통일에 나선 칭기즈칸에게 저항한 왕 중에는 케레이트족의 옹칸이란 인물이 있었다. 당시 몽골족보다 규모가 크고 문명도 앞서간 케레이트족의 종교는 네스토

| 사진 4 |
내몽골에 남아 있는
경교 신도의 묘비.

리우스파, 경교였다. 칭기즈칸의 공략으로 케레이트족은 몰락하지만 칭기즈칸 가문의 후계자는 꾸준히 옹칸의 가문에서 아내를 맞이했다. 그래서 원의 황후 중에도 경교 신자가 있었다.(사진 4)

1271년 원나라와 로마 교황이 외교를 맺고 대주교 인노켄티우스가 원에 파견됐다. 이후 대주교가 죽은 뒤에도 신자들이 떠나지 않고 원에 남았는데, 원나라가 기독교에 관대했던 배경에는 왕족들 사이에서 계승된 경교 신앙이 있었다.

경교 신도였던 옹칸은 유럽의 기독교 사회에 전설을 남겼다.

1095년 십자군 전쟁이 시작되고, 12세기 중반이 되자 이슬람교도의 반격을 받아 열세에 놓였다. 이 무렵 유럽에서 널리 퍼진 것이 프레스터 존의 전설이다. 동쪽 끝에 사는 기독교 교도인 왕이 군대를 이끌고 십자군을 도와주었다는 반은 희망을 담은 전설인데, 이 전설의 기원이 옹칸이라고 알려져 있다.

1368년 원나라가 망하자 서북 지역의 몽골인 다수는 이슬람으로 개종했지만, 경교도는 그 뒤에도 몽골리아 남부에 남았다. '기마민족 정복 왕조설'로 유명한 고고학자 에가미는

| 사진 5 |

몽골 수도 울란바토르에 세워진 다르비슈상. 다르비슈는 이슬람 수피 교단의 구성원이라는 뜻이다. 페르시아, 터키의 우화적인 문학 안에서 권력과 탐욕을 비웃는 인물로 등장한다. 수피 교단의 실태도 다양하며, 터키의 메블레비 교단은 음악과 춤을 동반하는 수행을 하고, 수피 수행자가 무아도취에 이른다. 울란바토르에 다르비슈의 상을 세운 것은 '터키인의 선조는 몽골 고원에 뿌리를 둔 투르크인'이라는 의식 때문이다.

1930년대에 내몽골 자치구의 오론슴에서 네스토리우스의 비석을 발굴해 세계적으로 인정받았다. 지나에서 쫓겨난 기독교는 몽골에서 살아남았다고 볼 수 있다.

비밀결사화된 이슬람

7세기 초 성립한 이슬람은 당나라시대에 지나에 들어와 회교로 불리다가 원나라에 이르러 정착했다.

몽골제국의 통치 특징은 페르시아, 아랍, 터키 등을 정복하면 피정복 민족의 안에서 인재를 골라 관료나 군인으로 활용한 것이다. 그 때문에 많은 무슬림이 등용됐고 원나라로 옮겨와 살았다. 그 영향을 받아 많은 몽골인도 이슬람교 신자, 즉 무슬림이 됐다.(사진 5) 칭기즈칸이 사망한 뒤 몽골제국의 서쪽

| 사진 6 |
중국 서북부 닝허의
대지에 세워진 이슬
람 성자의 무덤. 훌
륭한 건축물이자 무
슬림들의 마음속 지
주다.

절반은 사등분됐고, 많은 왕자들이 이슬람으로 개종했다.

원나라를 무너뜨린 명나라는 이슬람을 탄압했다. 그에 대항
해서 지나에 뿌리를 내린 이슬람교도는 수피, 신비주의 종파가
중심이 됐다.(사진 6) 소수이면서 가족 같은 신뢰로 묶인 수피는
정부의 탄압을 피해 활동하기 좋았다. 무슬림들은 지하로 숨어
들어 마치 비밀결사가 된 듯한 환경에 놓였다. 명나라의 지나
인 위정자들은 이 움직임을 위험하다고 판단하고 더욱 탄압하
는 악순환에 빠졌다. 이들의 관계는 아직까지도 회복되지 않고
있다.

현재 중앙아시아에서는 다른 종교로 개종하는 사람도 적지
않다. 밖에서 볼 때는 티베트인이라고 하면 모두 티베트 불교
를 믿을 것이라는 이미지가 강하지만, 신앙의 중심지라고 불리
는 라사에는 이슬람교도도 많이 살고 있다. "라사에 있는 상인

대부분은 인도의 카시미르 지방 등에서 이동해 온 이슬람교도이며, 티베트인 이상의 유창한 티베트어를 구사한다"고 나의 대학원 지도 교수 중 한 사람이자 티베트어의 세계적인 권위자인 나가노 야스히코長野泰彦는 강조했다.

재미있는 사실은 이 이슬람교도들이 아프면 라마(티베트 불교의 승려)를 의지한다는 것이다. 티베트 불교에서는 아유르베다라고 불리는 인도 기원의 전통 의학을 계승하기 때문에 승려들도 의학 연구를 열심히 한다. 커다란 사원에는 의과 대학 같은 시설 만바라산이 있고, 그들이 수행 속에서 의학을 배운다. 내가 조사한 지역에서는 어떤 이슬람교도는 라마가 병을 고쳐 주었더니 티베트 불교로 개종했다. 그러나 수피 수행자가 와서 기적을 일으키는 것을 보여주자 감동해서 다시 이슬람교도로 돌아갔다.(양하이잉, 『몽골과 이슬람적인 중국』)

불교도와 무슬림이 공생하는 지역에서는 관용의 역사가 쌓였으며, 지나인의 악의적 선동이 없으면 다른 종교 사이에 심각한 다툼은 일어나지 않는다. 예를 들어 동투르키스탄(신장위구르 자치구)에는 석굴과 벽화 등 불교 유적 근처에 이슬람 모스크가 있고, 두 종교가 공생하고 있다. 탈레반과 IS(수니파 무장단체인 이슬람국가) 때문에 이슬람은 배타적인 종교라는 이미지가 확산하고 있지만, 적어도 중앙아시아 역사에서는 폭력으로 다른 종교를 배제하는 게 예외적인 일이었다.

세계제국 몽골과 종교

쿠빌라이칸 치하의 원나라는 티베트 불교를 국교로 정했다. 지나에서 예부터 전해져 내려온 유교나 도교와는 다른 종교를 국교로 삼아서 '한족'과의 동화를 막으려는 목적도 있었을 것이다.

쿠빌라이칸은 뛰어난 정치가로, 이민족이 지나를 지배하려고 하면 오히려 '한족'과 동화된다는 사실을 잘 알고 있었다. 그러나 몽골인의 종교는 유목과 사냥에 뿌리를 둔 자연 신앙과 샤머니즘이 기본이어서, 지나 같은 농경 문명의 땅을 지배할 수 있을 만큼 논리적이지 않았다. 그래서 티베트 불교를 선택했다. 지금도 티베트 불교의 경전에는 원시 불교 경전에 쓰인 산스크리트어의 원어가 많이 남아 있어서 석가모니의 가르침에 가장 가깝다고 존경받고 있다.(사진 7) 바꿔 말하면 가장 '한족'의 영향을 받지 않은 불교가 티베트 불교이며, 유목민인 몽골인의 지나화를 막는 데 가장 적합한 종교였다. 다문화의 공존에 관용적인 경우 각각의 독자성을 유지할 수 있는 것도 원나라의 종교정책에서 찾을 수 있다.

덧붙이자면 나중에 불교 개혁을 지향한 일본인도 티베트 불교에 의지했다. 메이지시대 이후 일본 불교계에서는 한문으로 번역된 경전에 의문을 품고 원전을 읽자는 운동이 일어난다. 그 뒤 불교 학자 가와구치 에카이河口慧海와 다다 도칸多田等觀, 니시혼간지西本願寺의 오타니가大谷家 승려 등이 티베트로 가서 경

전을 가지고 돌아왔다.

이렇게 원나라가 불교와 이슬람을 받아들이는 가운데 종
교 논쟁이 발발했다. 그러자 당시 몽골제국의 황제 몽케
(1208~1259)는 티베트 불교와 도교, 이슬람, 기독교 대표자를 불
러 변론대회道佛論爭를 열었다. 네 파의 대표자가 몇 주에 걸쳐
어떤 종교가 백성에게 이익이 될 것인지 등을 주제로 자기 종
교의 장점을 호소했다. 흥미로운 사실은 심판 역할인 몽케가
특정 종교의 편을 들어주지 않았다는 것이다.

이것은 매우 교묘한 정치 수법으로, 몽골제국이 모든 문화에 관대함을 나타내야 하므로 하나의 종교를 선택하는 걸 피했다. 그 전략은 적중해서 결론이 나지 않았기 때문에 모든 종파 대표는 각각 회고록에 '나의 종교가 이겼다'고 남기고 선교 활동을 계속했다.

이처럼 몽골제국의 통치는 군사력뿐만 아니라 교묘한 다민족·다종교·다문화 공존정책으로 지탱되었다. 그리고 그 시스템을 지탱하는 또 다른 무기는 몽골어였다.

1980년대 티베트 자치구 라사에 있는 박물관에서 명나라 때 작성한 외교 문서가 발견됐다. 이것은 명나라에서 버마로 보낸 것으로, 양국의 공식 언어 외에 몽골어와 티베트어로도 적혀 있다. 이 문서를 보면 몽골어가 명나라 후기, 상당히 늦은 시기까지 아시아의 공용어이자 외교 용어로 쓰였다는 사실을 알 수 있다.

현대 중국어는 1919년에 시작된 5·4운동 시기에 만들어진 것이다. 그 이전에는 중국인이 아닌 사람이 공식 기록을 남기기 위해 적기엔 너무 어려웠다. 그런데 몽골어는 말할 때 쓰는 언어로 적합하고, 사본으로 적은 위구르문자 몽골문자도 외교할 때 공용어로 적합했던 것이다.

배타적 왕조인 명나라시대의 지나는 문화 불모지였다

1368년 지나인의 명나라가 원의 정권을 빼앗았다. 앞에서도 말했던 이슬람에 대한 탄압을 시작하고, 신자들은 북서부의 간 쑤와 닝샤, 그리고 남쪽 윈난 지방으로 도망갔다. 특히 윈난은 원나라가 망한 뒤에도 수십 년 동안 몽골인이 계속 점령을 했기 때문에 이슬람 신앙이 남았다. 현재 중국 정부로부터 박해를 받은 위구르인이 윈난성을 거쳐서 태국과 버마로 도망가는 것을 도와주는 게 윈난에 남은 이슬람교도의 자손들이다.

명나라시대 지나에서는 불교에 관심을 보인 황제도 있었으나 그들은 모두 권좌에서 쫓겨나 이단이라는 비판을 받았다.

그 시기에 지나는 이민족의 반란을 두려워해서 억압정책을 펼쳤다. 또한 해금정책도 채택해 문화와 경제 발전을 스스로 저해했다. 가와카쓰의 『문명의 해양사관』에 따르면, 몽골제국이 붕괴한 뒤에는 '해양 아시아'가 서양에 영향을 미치는 시대였다. 명나라시대 지나는 이 '해양 아시아 시대'를 놓쳐서 중세 유럽보다 암흑의 시대가 됐다고 봐도 좋다.

원나라 앞의 송나라도 명나라와 똑같이 지나인의 정권이었다. 그러나 송나라 시기에는 세계 3대 발명이라고 불리는 화약과 나침반, 활판인쇄가 발명했고, 세계적으로 유명해진 징더전^{景德鎭} 도자기가 만들어지는 등 독자적인 문화가 꽃을 피웠으며, 경제적으로도 발전했다. 같은 지나인의 정권이었던 송과 명의 차이는 어디에서 왔을까.

송은 북방민족인 키타이와 금족에게 북부가 눌려 있었기 때문에, 동남 연해 지역을 중심으로 한 '작은 지나'로 존재했다.

이 작은 규모로 지나인만의 '민족 국가'를 만드는 것이 '한족'에게는 가장 적합하다고 단언할 수 있다. 그들은 명나라처럼 넓은 국토를 갖고 많은 타민족을 지배해야 할 때 다른 문화와 문명을 인정하지 않으려는 경향이 강하다. 그런 '한족'으로는 광대한 국가 경영이 잘 될 리가 없다. 이것은 현대의 중국 공산당의 정권 운영의 단점과도 맥락을 같이한다.

덧붙이자면 명나라는 15세기에 대함대를 아프리카에 파견했는데 이때 항해를 지휘한 정화鄭和는 아랍계 이슬람교도이지 지나인이 아니다. 또한 실제로 방문한 것도 원나라가 이전에 만든 거점 도시였으므로 이른바 예방일 뿐이었다. 명나라는 본질적으로 '제국'이 아니었다.

'문수보살'에서 유래된 청나라는 개방적이었다

청나라는 1636년에 세워진 만주인의 왕조다.

이미 언급했던 것처럼 만주라는 이름은 불교의 문수보살에서 유래했다. 원나라에서 명나라로 넘어갈 무렵 유라시아 동쪽 끝에 사는 퉁구스계의 수렵·유목민에 문수보살 신앙이 전해졌다.(스기야마 마사아키, 『유목민이 본 세계사』) 일설에 따르면 당시 산둥성의 '한족' 사이에도 문수보살 신앙이 퍼져 있었다. 그러나 같은 한족의 명나라에서 금지했기 때문에, 그때 발해만을 거쳐서 오늘날의 다롄大連 근처에 상륙했고, 퉁구스계 사람들과 만났다. 그리고 문수보살을 깊이 믿게 된 퉁구스 사람들이 자신들을 만주라고 불렀다. 이것이 만주족의 뿌리라고 한다.

청나라가 얼마나 다민족·다문화 국가인지를 단적으로 나타내는 것이 바로 언어정책이다. 제6대 황제 건륭제는 『오체청문감(伍體淸文鑑)』이라고 불리는 사전을 만든다. 만주어와 몽골어, 티베트어와 지나어, 그리고 투르크계 위구르어까지 5개국 언어 모두를 공용어로 해서 사전 한 권으로 정리했다. 이는 다민족 국가를 만든다는 국가의 방침을 사전이라는 형태로 나타낸 것이었다. 이후 만주인이 권좌에서 물러나면서 고궁박물원을 중국인에게 넘겨주었다. 고궁의 모든 궁전의 문에는 만주문자와 몽골어, 그리고 한자로 쓴 머리글이 있었으나 중화인민공화국이 되고 나서 조금씩 한자로 바뀌었다. 현재는 모두 한자로 바뀌었는데, 이렇게 문화의 다양성은 '한족' 때문에 말소된다.

종교정책도 마찬가지다.

청나라 황제는 모두 '나는 티베트 불교의 최고 시주'라는 입장을 취했다. 특히 건륭제는 자신을 보살 중 하나라고 선언하고, 자신이 중앙에 자리를 잡고 주위를 여러 부처가 둘러싼 불교 회화를 그리게 했다.(이시하마 유미코, 앞의 책) 동시에 청나라 황제는 이슬람의 보호자이기도 하며, 지나인의 황제로서 열심히 회교를 연구했다.(스기야마 기요히코, 앞의 책)

그러나 왕조 후기에는 한족보다 더 한족 같은 황제로 변질된다. 쿠빌라이칸 등 몽골제국의 초기 지도자들이 우려했던

'지나인(한족)으로 동화'가 일어난 것이었다. 게다가 19세기 후반에는 3개의 큰 종교 반란이 잇달아 일어나서 청나라의 기둥을 흔들었다.

1850년에 일어난 태평천국太平天國 운동의 모체가 된 배상제교拜上帝敎는 기독교의 가르침을 담고 있었다. 그래서 세계사 수업 때 종종 '기독교인에 의한 반란'이라고 설명하기도 하지만, '한족' 사회에 뿌리를 내린 기독교적 요소를 가진 이들로 보는 게 맞다. 운동의 중심은 정통적인 기독교는 아니나 기독교적인 신흥 종교 배상제교였고, 외곽에는 비밀결사화한 백련교 신도가 있었다. 따라서 태평천국 운동 때 중국인은 반反 만주인·몽골인이면서 반反 외국적이었다.(사토 기미히코, 앞의 책)

청나라 멸망의 방아쇠를 당겼다고 할 수 있는 또 다른 사건은 1862년부터 1877년까지 계속된 '서북 무슬림 대반란'이다. 별로 알려지지는 않았으나 산시성陝西省에서 이슬람교도와 한인이 무력 충돌을 일으킨 것이 계기가 돼서 간쑤와 닝샤, 칭하이로 확산된 대규모 반란이 발생했다. 지나어를 모국어로 하는 회족과 위구르인, 터키계 살라르인 등이 연대했고, 청나라는 15년이나 계속된 반란을 진압하느라 힘을 완전히 소모했다.(양하이잉, 앞의 책)

이어 1899년에는 의화단의 난이 일어난다. 처음에는 기독교의 포교 활동을 반대한 운동이었지만, 한족적인 배타주의와 어우러져 외국인 배척 운동으로 발전했다. 의화단은 청나라 정부를 도와 서구 열강을 국외로 쫓아낸다는 '부청멸양'을 슬로 건으로 내걸었다. 그런데 청나라 정부는 이것이 '반청멸양反淸 滅洋', 즉 청나라 정부를 지나에서 쫓아내라는 행위로 변질될까 봐 매우 경계하고 있었다.

　이것은 현재 중국의 반일 운동과도 통하는 구도다. '애국반 일愛國反日'을 내걸고 일본계 슈퍼마켓 등을 습격하고 있는데 이 게 언제 공산당 정부를 향한 '반공반일反共反日'로 바뀔지 모른 다. 중화 문명의 특성을 잘 아는 공산당 정부는 그것을 두려워 하고 있다.

지금도 계속되는 종교와의 충돌

종교 대국 중국의 모순

현재 중국의 인구는 13억 명을 넘어섰다. 그중에서 기독교인의 수는 1억 3,000만 명에서 1억 5,000만 명이라고 하며, 앞으로 세계 최대의 기독교 국가가 될 것이라는 전망까지 나오고 있다. 또 이슬람교도는 1,200만 명을 넘어섰다. 중국 공산당 정부는 데이터를 공표하지 않지만, 엄청난 수의 이슬람교도를 두려워해서 탄압을 강화하고 있다.

한편 중국 공산당 정부는 바티칸의 로마 교황과 외교 관계를 맺기 위한 대화를 물밑에서 진행해 왔지만, 좀처럼 결정될 것 같지 않다. 중국에서는 교회를 정부의 관리 아래에 두었기 때문에 바티칸과 단절됐고, 그로부터 60년 이상이 지난 지금도 로마 교회에서 봤을 때 중국의 교회에서는 올바른 가르침을 배울 수는 없기 때문이다. 1억 명 이상의 기독교 신자가 한족의 문화에 동화한 일그러진 가르침을 믿고 있는 건 로마 교회의 정통성을 뒤흔들 수도 있는 심각한 문제다. 그래서 바티칸은 사제 임명권을 되찾아서 중국에 올바른 가르침을 전할 수 있는 사람을 파견하고 싶어 한다. 중국 정부의 입장에서는 이를 허용하면 엄청난 신자가 외국 세력에게 지배를 받게 될 것이라며 반대 입장을 굽히지 않고 있다.

한편 이슬람과는 기독교처럼 단절된 상태는 아니다. 메카 순례는 신자에게 허용은 된다. 그런데 메카에서 가르침을 접하면 중국에서 들었던 것과는 매우 다르다. 거기서 오는 국가에 대한 불신이 반공 운동으로 바뀌는 걸 두려워해서 순례를 제한하고 있다. 그러나 관광 명목으로 태국이나 미얀마로 출국한 뒤 그곳에서 메카로 가는 '우회 참배'는 해마다 증가해서 지금은 공인 순례자의 몇 배나 된다고 한다.

티베트 불교와 달라이 라마 14세에 대한 중국의 탄압은 이미 잘 알려져 있다.

1959년 달라이 라마의 신병을 둘러싸고 인민해방군과 티베트인 사이에 무력 충돌이 일어났다. 결국 달라이 라마는 인도로 망명해서 임시 정부의 수립을 선언했다. 중국 정부는 여전히 티베트 자치구의 독립 운동을 '분열 활동'이라고 하며 계속해서 탄압하고 있다. 그 배경에는 역시 중국인 즉 '한족'이 컨트

롤할 수 없는 문화와 종교에 느끼는 공포심이 있기 때문이다.

한인은 왜 종교를 두려워할까

중국인이 다른 종교를 두려워하는 것은 그들의 세계관과 깊은
관련이 있다. 도교의 세계관은 천제사상天帝思想이라고 불리며,
정점에 천상계를 다스리는 천제가 있고, 천제의 명을 받은 황
제가 세상을 다스린다는 구조로 이뤄져 있다. 종교적 세계관과
현실의 정치가 이어져 있는 형태다.

그래서인지 다른 종교를 볼 때도 종교의 시조나 지도자가
'황제', 교단 간부가 '장관', 신자는 '병사'로 바뀔 수 있다고 생
각한다. 즉 종교 단체가 많은 신자를 모으는 것은 그들의 사고

로는 반체제 세력이 혁명 준비를 한다고 여긴다. 그러니 중국 공산당 정부는 외국에서 들어온 종교에 대해 본래의 가르침에 수정을 가해 중국인의 사상을 받아들일 것을 요구한다. 그리고 따르지 않으면 가차 없이 탄압한다. 다른 말로 하면 중국인은 자신의 문화만 옳고 다른 문화는 모두 옳지 않거나 문제되지 않을 정도로 가치가 낮다는 중화사상에 사로잡혀 다른 사람을 받아들일 수 없는 것이다.(사진 8)

반면 유라시아의 유목민은 외래 종교를 받아들여서 지나인 (한족)으로 동화하는 것을 피했다. 만주인이 문수보살을 믿고, 몽골인이 경교를 비롯해서 이슬람과 불교, 그리고 마니교 등을 자국의 종교정책에 포함한 이유도 거기에 있다. 반대로 말하자 면 중화 문명이 그만큼 동화력이 강해서 자칫하면 청나라처럼 흡수될 위험이 있다는 이야기도 된다.

오늘날 중국에서는 억압적인 민족정책의 실패로 폭동이 빈 번하게 일어나고 있다. 내가 2013년에 신장위구르 자치구를 방문했을 때는 위구르인이라는 이유만으로 현지 경찰관에게 불심검문과 호별 방문을 받는 모습도 봤다. 현재도 신장위구 르 자치구에서는 이슬람교도들을 중심으로 하는 반정부 운동 이 활발하다. 그러나 같은 무슬림이라도 수니파와 시아파의 관 계는 복잡하다. 겉으로는 사우디아라비아와 우호적인 수니파 가 우세한 것 같지만, 실제로는 이란과 이어진 시아파의 세력 도 작지는 않다.

또 무시할 수 없는 게 터키와의 관계다. 위구르인은 중앙아시아에 퍼진 '투르크 백성'의 일부라고 여겨서 연대 의식이 매우 강하다. 이슬람교도가 다수를 차지하는 투르크메니스탄과 카자흐스탄, 우즈베키스탄 등 투르크계 국가의 사람들은 1991년 구소련에서 독립하면서부터 러시아의 영향력에서 벗어나 신앙의 자유를 얻었다. 위구르인 역시 독립하고자 하는 열망이 강하지만, 중국 공산당 정부가 받아들일 것이라고는 생각하기 어렵다.

중국 정부는 주변 민족에게 자국 내 종교 단체와 같은 공포를 느끼고 있다. 넓은 국토와 많은 민족을 거느린 국가로서는 공생의 길을 찾는 게 통치할 때 좋겠지만, 이질적인 존재는 받아들일 수 없다는 편협한 중화사상을 좀처럼 버리지 못하고 있다. 현재 중국 입장에서 볼 때 최대 화약고는 다수의 이슬람교도가 사는 내륙부라고 할 수 있다.

한편 중국인이 지배하는 중심부에서도 빈부격차의 확대 등을 배경으로 사회 불안이 확산하고 있다. 중국에서는 정권이 불안정해지면 지하에 숨어 있던 종교 단체가 반란이라는 형태로 모습을 드러낸다. 1999년 1만 명을 넘는 파룬궁 신자가 베이징의 중난하이를 에워싼 사건이 바로 그 예이다. 만약 중국 공산당의 패권에 균열이 생긴다면, 종교정책의 실패에서부터 시작될 가능성이 크다.

우메사오는 '문명을 말할 때는 토지를 축으로 하는 방법과 종교를 축으로 하는 방법이 있다'고 강조했다.(우메사오 다다오, 앞의 책) 이 책에서 토지는 주로 유라시아 초원 지역에 중점을 두고 다뤘는데, 종교를 중심으로 비교문명사관의 시각에서 바라봤을 때도 중국 공산당 정부는 중화 문명의 가장 배타적인 특징을 민족주의의 형태로 구현하고 있기 때문에 유라시아의 유목 문명과는 완전히 이질적인 존재로 눈에 띈다.

우메사오는 같은 책에서 이들에게 주어진 '현대적 과제'는 '생활수준의 향상'이라고, 미래를 향한 독특한 발언을 했다. 소련 붕괴 후에 '고독한 중국적 특색을 가진 전제주의'만 남은 현재, 격차 해소 역시 문명론적으로 깊은 관심을 갖게 하는 주제임이 분명하다.

후기

몽골인인 나는 1989년 3월에 일본의 하카타^{博多}를 '내습'했다. 오이타^{大分}의 벳푸대학^{別府大學}에서 1년 동안 배웠을 즈음 가가와 미쓰오^{賀川光夫} 학장님께 그의 명저 『농경의 기원─일본문화의 원류를 찾아서』를 받았을 때의 감동은 잊을 수 없다. 또 당시 이 대학 아시아역사문화연구소 소장이었던 니노미야 준이치로 ^{二宮淳一郎} 선생님은 일본에 오기 전에 베이징에서 한 번 뵌 적이 있었다. 선사고고학·고인류학 전문가인 니노미야 선생님이 베이징에 있는 중국 고생물연구소를 방문했을 때 내가 통역을 맡았다. 베이징원인^{北京原人}의 발굴과 중국 각지에 분포하는 구석기와 신석기 유적에 관해 선생님이 열심히 물어보셨던 기억이 난다. 그때 내가 어릴 적 놀았던 샤라오소골 유적 이야기가 나와

| 사진 1 |

1995년 8월 몽골 서북부에서 내가 찍은 사진. 앞줄 오른쪽부터 하야시, 하마다, 호리, 마쓰바라, 몽골 고고학자 나완, 고나가야, 몽골 문화인류학자 루하구와스렌, 하기하라.

서 지적 흥분을 느꼈던 것도, 내가 일본으로 온 원인 중 하나일지도 모르겠다.

벳푸대학에서 나는 나카노 히타요시中野幡能 선생님의 세미나에 참석했다. 선생님은 도쿄제국대학 문학부 종교학과를 1943년에 졸업한 뒤 중국의 전선戰線으로 나갔다. 종전 후 장제스 총통의 '이덕보원以德報怨 정책'으로 순조롭게 귀국할 수 있었기 때문에 "옛 지나는 훌륭하고, 중국 공산당 정권은 끔찍하다"고 증언하셨다. 선생님의 밑에서 나는 우사진구청宇佐神宮庁이 소장한 『우사진구사·자료편』을 읽게 됐는데, '한문'인데도 전혀 이해하지 못했다. 무능한 나를 보고 선생님은 "우사 신앙도 중요하지만 몽골인의 샤머니즘 이야기를 듣고 싶다"고 말씀하시며 구조선을 보내주셨다. 또 선생님은 자신의 저서 『하치만 신앙』과 선생님의 은사인 도쿄대학의 기시모토 선생님의 편저 『세계의 종교』를 가난한 학생인 나에게 선물로 주셨다. 2002년 12월에 내가 중국 서북부에서 이슬람의 수피 교단과 관련된 조사를 하고 있을 때 선생님의 부보訃報를 들었다. 나는 중국 이슬람 사회의 실태를 나카노 선생님께 보고하지 못한 것을 아직까지도 후회하고 있다. 벳푸를 떠나 오사카로 옮긴 뒤에도 선생님이 이끌었던 재단은 나에게 3년 동안 장학금을 지원해주었다. 배움의 은혜는 평생 잊을 수 없다.

1990년에 나는 오사카에 있는 국립 민족학박물관 종합연구대학원 대학에 입학했다. 우메사오 선생님이 심혈을 기울여 설립한 대학원 대학이다. 우메사오 선생님의 『문명의 생태사관』은 베이징에서 읽었고, 선생님이 전쟁 전에 내몽골에서 조사 활동을 하셨던 사실도 물론 알고 있었다. 세계 일류의 학자들이 모인 민족학박물관에서 나는 다양한 가르침을 받았다. 그리고 1991년부터 은사인 마쓰바라 마사타케松原正毅 교수를 따라 신장위구르 자치구와 카자흐스탄, 몽골, 러시아연방의 유목민 세계에서 현지 조사를 진행했다. 당시 선생님은 다음과 같은 과학연구비조성사업을 수행하고 있었다.

알타이산·톈산 지역 유목의 역사민족학적 연구(1991~1993)
몽골의 민족 형성의 역사민족학적 연구(1995~1997)

그 뒤 과학연구비조성사업의 대표를 고나가야 교수가 맡았고, '몽골 고원에서 유목의 변천에 관한 역사민족학적 연구'를 추진했다. 교수님께서는 모든 프로젝트에 나를 넣어주셨기 때문에 문자 그대로 초원의 조사를 통해 계몽 교육을 받았다. 조사단은 마쓰바라 선생님을 단장으로 고나가야(문화인류학)·하마다(당시 고베대학 문학부 교수, 역사학)·호리 스나오堀直(당시 고난대학 문학부 교수, 역사학)·하야시(소카대학 문학부 교수, 고고학)·하기하라 마모루萩原守(당시 고베쇼센대학 조교수, 역사학) 선생님 등으로 구성돼 있었다.(사진 1) 유적에 도착했을 때 나는 줄자를 가지고 하야시 선생님의 측량 기술을 '훔쳤다.' 그리고 관련 문헌 연구를 하마다 선생님과 호리 선생님, 그리고 하기하라 선생님께 배웠다. 선생님들의 입에서는 유럽계 여러 언어의 문헌뿐만 아니라, 페르시아어와 투르크어, 몽골어 문헌도 순식간에 나온다. 나는 일일이 메모하고, 일본으로 돌아온 후에 그것들을 민족학박물관의 서고에서 닥치는 대로 읽었다. 선생님들은 여전히 다양한 형태로 조사 성과를 공개하고 있다. 하야시 선생님은 항상 도쿄에서 『초원 고고 통신草原考古通信』을 보내주시기 때문에 매번 기대했다. 이 책 속에서도 선생님들의 저작을 인용했다.

사실 유라시아 초원에 가기 전에 짧은 시간이었지만, 교토대학에서 동양사를 연구하시는 스기야마 선생님이 주재하는 '원사 세조본기世祖本紀를 읽는 모임'과 '석각石刻 자료 모임'에도 참관했다. 오사카국제대학의 마쓰다 선생님과 오사카대학의 모리야스 선생님, 나라대학의 모리타 겐지^{森田憲司} 선생님, 마쓰카와 씨(현재 오타니대학), 나카무라 아쓰시^{中村淳} 씨(현재 고마자와대학) 등으로 구성된 연구회는 항상 '몽골제국처럼, 다국어를 구사'하며 논의했다. 나는 연구회에 참석하며 이들에게서 많은 지식을 얻었다.

마지막으로 이 책은 과학연구비조성사업의 지원으로, 예전부터 해온 「목축문화 해석에 의한 아프로·유라시아 내륙 건조지문명과 현대 동태 연구」(기반 S, 과학연구비조성사업의 기반연구, 연구 대표자 시마다 요시히토 나고야대학 교수, 2009~2013년)의 성과를 바탕으로 새롭게 정리한 것이다. 학계 선배인 시마다 선생님은 공사에 걸쳐 도움을 주셨고, 항상 따뜻하게 지원해주셨다. 특히 2013년 봄에 둘이서 신장위구르 자치구 톈산 남쪽 기슭을 답사할 때는 이 책의 밑바탕이 되는 내용을 중심으로 가르침을 주셨다. 내가 항상 '유라시아 중심 사관'에 서면, 시마다 선생님은 항상 "시야를 아프리카까지 더 넓혀야 한다"고 일깨워주셨다. 안타깝지만 나는 아직 아프리카에 관해서는 무지인 상태에 머무르고 있다.

이 책의 출판을 강력하게 밀어준 것은 분게이슌주^{文芸春秋} 국제국의 시모야마 스스무^{下山進} 씨와 센토우 도시아키^{仙頭寿顕} 씨, 그리고 「분게이슌주 스페셜」 편집부의 마에지마 아쓰시^{前島篤志} 씨다.

이 책의 마지막 장은 「분게이슌주 스페셜」 제34호, 들어가며

부분은「분게이슌주 스페셜」제36호에 게재된 내용을 많이 고쳐 쓴 것이다. 전체 편집 및 구성은 가타세 교코^{片瀬京子} 씨가 힘써주셨다. 이 지면을 빌려 감사를 드린다.

양하이잉

참고문헌

중국어

赤峰学院紅山文化国際研究中心編, 『紅山文化研究』, 文物出版社, 2006.

赤峰中美聯合考古研究項目編, 『内蒙古東部(赤峰)区域考古調査階段性報告』, 科学出版社, 2003.

陳永志編, 『内蒙古文物考古文集·3』, 科学出版社, 2004.

李范文, 『西夏通史』, 人民出版社·寧夏人民出版社, 2005.

孟志東, 『雲南契丹後裔研究』, 中国社会科学出版社, 1995.

内蒙古自治区文物考古研究所·哲里木盟博物館, 『遼陳国公主墓』, 文物出版社, 1993.

内蒙古自治区文物考古研究所·鄂爾多斯博物館, 『朱開溝—青銅時代早期遺址発掘報告』, 文物出版社, 2000.

内蒙古自治区文物考古研究所·李逸友·魏堅編, 『内蒙古文物考古文集·1』, 中国大百科全所出版社, 1994.

内蒙古自治区文物考古研究所·魏堅編,『内蒙古文物考古文集·2』, 中国大百科全書出版社, 1997.

寧夏文物考古研究所,『水洞溝—1980年発掘報告』, 科版出版社, 2003.

史金波·白濱·呉峰雲編,『西夏文物』, 文物出版社, 1988.

蘇秉琦,『中国文明起源新探』, 遼寧人民出版社, 2009.

孫危,『鮮卑考古学文化研究』, 科学出版社, 2007.

宿白,『藏伝仏教寺院考古』, 文物出版社, 1996.

田広金·郭素新,『鄂爾多斯式青銅器』, 文物出版社, 1986.

塔拉編,『走向輝煌—元代文物精品特展』, 内蒙古博物院, 2010.

烏雲畢力格,『喀喇沁万戸研究』, 内蒙古人民出版社, 2005.

西藏自治区档案館編,『西藏歴史档案薈枠』, 文物出版社, 1990.

일본어

荒川紘,『車の誕生』, 鳴社, 1991.

石濱裕美子,『清朝とチベット仏教』, 早稲田大学出版部, 2011.

出穂雅実·B.ツォグトバータル·山岡拓也·林和広·A.エンフトゥル,「モンゴル東部·ハンザット１旧石器遺跡の第一次調査報告」,『日本モンゴル学会紀要』第39号, 2009.

ウィットフォーゲル,『東洋的専制主義』, 論争社, 1961.

ウノ·ハルヴァ,『シャーマニズム—アルタイ系諸民族の世界像』, 三省堂, 1971.

梅棹忠夫,『文明の生態史観』, 中央公論社, 1967.

梅村坦,『内陸アジア史の展開』, 山川出版社, 1997.

江上波夫,『ユウラシア古代北方文化』, 全国書房, 1948.

大澤孝,「西突厥におけるソグド人」, 森部豊編,『ソグド人と東ユーラシアの

文化交渉』, 勉誠出版, 2014.

岡田英弘,「東アジア大陸における民族」, 橋本萬太郎編,『漢民族と中国社会』, 山川出版社, 1983.

_____,『読む年表 中国の歴史』, WAC, 2012.

_____,『康熙帝の手紙』, 藤原書店, 2013.

_____,『岡田英弘著作集Ⅳ シナ(チャイナ)とは何か』, 藤原書店, 2014.

小川環樹,「勅勒の歌―その言語と文学的意義」,『東方学』第十八輯, 2014.

貝塚秀樹・伊藤道治,『古代中国』, 講談社, 2000.

海部陽介,『日本人はどこから来たのか?』, 文藝春秋, 2016.

川勝平太,『文明の海洋史観』, 中央叢書, 1997.

岸本英夫編,『世界の宗教』, 大明堂, 1965.

九州国立博物館,『草原の王朝契丹―美しき3人のプリンセス』, 西日本新聞社, 2011.

窪徳忠,『中国宗教における受容・変容・行容―道教を軸として』, 山川出版社, 1979.

_____,『道教の神々』, 講談社, 1996.

窪田順平編・小野浩・杉山正明・宮紀子,『ユーラシア中央域の歴史構図』, 総合地球環境学研究所, 2010.

栗田直樹,『共産中国と日本人』, 成文堂, 2016.

小長谷有紀・楊海英編,「地図でよむモンゴル」,『季刊 民族学』85号, 1998.

佐藤公彦,『中国の反外国主義とナショナリズム』, 集広舎, 2015.

沢田勲,『匈奴』, 東方書店, 1996.

杉山清彦,『大清帝国の形成と八旗制』, 名古屋大学出版会, 2015.

杉山正明・北川誠一,『大モンゴルの時代』, 中央公論社, 1997.

杉山正明,『遊牧民から見た世界史』, 日本経済新聞社, 1997.

_____,「世界史上の遊牧文明」,『季刊 民族学』85号, 1998.

＿＿＿＿＿,『世界史と変貌させたモンゴル』, 角川書店, 2000.

＿＿＿＿＿,『疾駆する草原の征服者―遼 西夏 金 元』, 講談社, 2005.

＿＿＿＿＿,『モンゴル帝国と長いその後』, 講談社, 2008.

武内康則,「最新の研究からわかる契丹文字の姿」, 荒川慎太郎・澤本光弘・高井康典行・渡辺健哉編,『契丹[遼]と10〜12世紀の東部ユーラシア』, 勉誠出版, 2013.

中見立夫,「〈地域〉〈民族〉という万華鏡,〈周縁〉〈辺境〉と呼ばれる仮想空間」中見立夫編,『境界を越えて―東アジアの周縁から』, 山川出版社, 2013.

ハイシッヒ,『モンゴルの歴史と文化』, 岩波書店, 1967.

荻原守,『体感するモンゴル現代史』, 南船北馬舎, 2009.

橋本萬太郎,「漢字文化圏の形成」, 橋本萬太郎編,『漢民族と中国社会』, 山川出版社, 1983.

濱田正美,『東トルキスタン・チャガタイ語聖者伝の研究』, 京都大学大学院文学研究科, 2006.

浜由樹子,『ユーラシア主義とは何か』, 成文社, 2010.

林俊雄,『ユーラシアの石人』, 雄山閣, 2005.

＿＿＿＿,『グリフィンの飛翔』, 雄山閣, 2006.

＿＿＿＿,『スキタイと匈奴』, 講談社, 2007.

＿＿＿＿,「フン型鍑」, 草原考古研究会編,『鍑の研究』, 雄山閣, 2011.

藤川繁彦編,『中央ユーラシアの考古学』, 同成社, 1999.

藤原崇人,「草原の仏教王国―石刻・仏塔文物にみる契丹の仏教」, 荒川慎太郎・澤本光弘・高井康典行・渡辺健哉編,『契丹[遼]と10〜12世紀の東部ユーラシア』, 勉誠出版, 2013.

＿＿＿＿＿,『契丹仏教史の研究』, 法藏館, 2015.

堀喜望,『文化人類学』, 法律文化社, 1954.

松川節,『図説 モンゴル歴史紀行』, 河出書房新社, 1998.

松田孝一,「オロンスムの発見と歴史」, 横浜ユーラシア文化館, 2003.

_____,「西遼と金の対立とチンギス・カンの勃興」, 科研費報告書,『13〜14世紀のモンゴル史研究』, 2016.

松原正毅,「遊牧からのメッセージ」, 小長谷有紀・楊海英編,『草原の遊牧文明』, 財団法人 千里文化財団, 1998.

間野英二編,『アジアの歴史と文化8—中央アジアの歴史と文化』, 角川書店, 1997.

宮紀子,『モンゴル時代の出版文化』, 名古屋大学出版会, 2006.

毛利和雄,『高松塚古墳は守れるか』, NHKブックス, 2007.

森部豊,「八世紀半ば〜十世紀の北中国政治史とソグド人」, 森部豊編,『ソグド人と東ユーラシアの文化交渉』, 勉誠出版, 2014.

森安孝夫,『シルクロードと唐帝国』, 講談社, 2007.

護雅夫,『李陵』, 中央公論社, 1974.

横浜ユーラシア文化館,『オロンスム—モンゴル帝国のキリスト教遺跡』, 2003.

山岡拓也,「道具資源利用に関する人類の行動的現代性」,『旧石器研究』第8号, 2012.

楊海英,『草原と馬とモンゴル人』, NHKブックス, 2001.

_____,『チンギス・ハーン祭祀—試みとしての歴史人類学的再構成』, 風響社, 2004.

_____,「〈河套人〉から〈オルドス人〉へ—地域からの人類史書き換え運動」,『中国21』二四号 愛知大学現代中国学会 , 2006.

_____,「中国が語り始めた遊牧文明」岡洋樹・境田清隆・佐々木史郎編『東北アジア』朝倉世界地理講座 , 朝倉書店, 2009.

_____,『モンゴルとイスラーム的中国』, 文藝春秋, 2014.

_____,「ステップ史観と一致する岡田史学」,『機』286号, 藤原書店, 2016.

吉田順一・チメドドルジ編,『ハラホト出土モンゴル文書の研究』, 雄山閣, 2008.

李志綏,『毛沢東の私生活』, 文藝春秋, 1996.

レヴィ゠ストロース,『神話と意味』, みすず書房, 1996.

若松寛,『アジアの歴史と文化7 —北アジア史』, 角川書店, 1999.

로마문자와 몽골문자

Tsveendorj (eds), Mongol Ulsin Tuuh (1-5), Ulaanbaatar.

James C. Y. watt, The World of Khubilai Khan, Chinese Art in the Yuan Dynasty, The Metropolitan Museum of Art, New York, Yale University Press, 2010.

Masami Hamada, L'inscription de Xiate (Shata), in Silk Road Studies, V, 2001.

Rintchen, Matériaux pour L'Étude du Chamanisme Mongol, Wiesbaden, Otto Harrassowirz, 1975.

Tayiji γ ud Mansang, Mong γ ol Ündüsüten-ü Bürin Teüke (1-6), Liyouning-un Ündüsüten-ü Keblel-ün Qoriy-a.

Uradyn, E. Bulag, The Mongols at the China's Edge, Rowman & Littlefield Publishers, Inc, 2002.

'오랑캐'–주변국 지식인이 쓴 反중국역사

펴낸날	초판 1쇄 2018년 1월 2일
	초판 4쇄 2018년 5월 21일

지은이	양하이잉
옮긴이	우상규
펴낸이	심만수
펴낸곳	(주)살림출판사
출판등록	1989년 11월 1일 제9-210호

주소	경기도 파주시 광인사길 30
전화	031-955-1350 팩스 031-624-1356
홈페이지	http://www.sallimbooks.com
이메일	book@sallimbooks.com

ISBN	978-89-522-3816-0 03910

※ 값은 뒤표지에 있습니다.
※ 잘못 만들어진 책은 구입하신 서점에서 바꾸어 드립니다.

이 도서의 국립중앙도서관 출판예정도서목록(CIP)은 서지정보유통지원시스템 홈페이지
(http://seoji.nl.go.kr)와 국가자료종합목록시스템(http://www.nl.go.kr/kolisnet)에서
이용하실 수 있습니다.(CIP제어번호: CIP2017033791)

기획 노만수